Simply
VEGGIE

Mit Fotografien von
Wolfgang Hummer

löwenzahn

Simply

VEGGIE

JULIAN KUTOS

Einfach vegetarisch genießen

Inhalt

vegane Rezepte

GRUNDREZEPTE

SALATE, SUPPEN & VORSPEISEN

BROT & AUFSTRICHE

HAUPTSPEISEN

DESSERTS

LEICHT, GESUND UND GUT

Die vegetarische Küche ist für mich mehr als ein Trend. Mich begleitet die fleischlose Küche bereits seit meiner Kindheit.

Zu meinen schönsten Kindheitserinnerungen zählt der liebevoll gehegte große Obst- und Gemüsegarten meiner Großmutter. Aus diesem kamen immer frische Zutaten, welche die Grundlage für viele tolle Speisen waren.

Während meiner Zeit in Kalifornien fiel mir die Hülle und Fülle an Innovation und Kreativität im Bereich der vegetarischen Küche auf. Frische Zutaten vom Farmer's Market, Gegrilltes vom Foodtruck oder ein Smoothie aus der Juice Bar, Kalifornien liebt Veggies und ist ein modernes Vorbild im Umgang mit fleischloser Küche.

Für mich ist Gemüse viel mehr als nur eine Beilage, die viel zu oft im Schatten von Fleischgerichten steht. Frisches Obst und Gemüse sind das Grundgerüst einer gesunden Ernährung.

In diesem Kochbuch teile ich mit euch die Liebe zu dieser großartigen Küche. Für euch habe ich meine besten vegetarischen Rezepte aus den unterschiedlichsten Regionen der Welt zusammengestellt.

Euer Julian Kutos

EINFACH | EDEL | PUR – NUR DIE BESTEN ZUTATEN

Kochen, Essen und Genießen zählen für mich zu den schönsten Dingen im Leben. Und ich investiere gerne viel Zeit und Mühe, um diese zu perfektionieren. Meine Großmutter behauptet: „Mit guten Zutaten kann man gar nichts Schlechtes kochen" – diesem Leitspruch bin ich ein Leben lang treu geblieben. Gute Zutaten sind für gute Küche essentiell. Nehmt euch diesen Spruch zu Herzen, ihr werdet es nicht bereuen. Wenn ich einkaufen gehe, achte ich auf folgende drei Kriterien bei der Auswahl meiner Zutaten:

EINFACH

Ich koche am liebsten mit einfachen Zutaten, die überall leicht erhältlich sind. Aus Tomaten, Olivenöl und Weizenmehl kreiere ich Speisen, die ihren Eigengeschmack in den Mittelpunkt stellen und jeweils das verwendete Lebensmittel zum Star machen. Denn eine Tomatensauce soll ja schließlich nach vollreifen Tomaten schmecken.

In einer Welt des Überflusses und der Reizüberflutung ist weniger oft mehr. Ich entscheide mich deshalb bewusst nur für die puren Grundzutaten und nicht für vorgefertigte und bereits verarbeitete Produkte, z.B. Fertigprodukte, Backmischungen oder dergleichen, denn diese Produkte sind weder einfach noch gut.

EDEL

Champagner und Trüffel gelten als sehr edle und luxuriöse Zutaten. Aber auch viel simplere und alltägliche Zutaten können edel sein. Buntes Gemüse, leuchtende Früchte und duftende Kräuter sind der tägliche Luxus, den wir uns gönnen sollten. Der Geschmack von frischen, selbst verarbeiteten Lebensmitteln ist so einzigartig und gar nicht mit Convenienceprodukten aus der Dose oder dem Glas vergleichbar. Eine selbst gekochte Gemüsesuppe ist edler als jeder Suppenwürfel, schmeckt um Welten besser – und der feine Duft in der Küche inspiriert jeden, daraus geniale und edle Gerichte zu kochen.

PUR, WEIL SAISONAL UND REGIONAL

Für mich sind Erdbeeren nur im Sommer gut, wenn sie süß und aromatisch sind. Außerhalb der Saison haben Erdbeeren keinen vollen Geschmack. Die meisten Lebensmittel, die früher nur für wenige Wochen oder Monate vorhanden waren, sind heute das ganze Jahr über verfügbar. Trotzdem setze ich lieber auf Saisonales und Regionales. Es schmeckt besser, ist günstiger und es erhöht die Vorfreude, wenn man weiß, dass es z.B. bald wieder für kurze Zeit frische Kirschen gibt.

Was mir hilft, nur zu puren Lebensmitteln zu greifen, ist das Einkaufen direkt beim Produzenten. Ich liebe den Wochenendkauf am Bauernmarkt, dort, wo sich die Landwirte der Region treffen und frisch geerntete, vollreife Waren verkaufen. Die Lebensmittel vom Bauern sind meist nicht nur geschmacklich besser, sondern oftmals auch günstiger und häufig biologisch.

Neugierig rauszugehen und Märkte, Hof- und Bauernläden in der Umgebung zu entdecken, ist ein großes Vergnügen – und man wird mit herausragenden Lebensmitteln belohnt.

Für den schnellen Hunger oder unangekündigte Gäste verlasse ich mich auf meine volle Vorratskammer. Diese enthält die notwendigsten und gut lagerbare Lebensmittel. Die folgende Tabelle hilft dir, deine Vorratskammer anzulegen.

MEINE VORRATSKAMMER

Diese Zutaten habe ich immer zuhause

WEIN & SPIRITUOSEN

- Weißwein
- Rotwein
- Portwein
- Prosecco
- Rum
- Cognac
- Grand Marnier
- Weichselbrand

PASTA, REIS & GETREIDE

- Pasta, verschiedene Sorten
- Couscous
- Quinoa
- Basmatireis
- Risottoreis
- Polenta

ZUM BACKEN

- Agar Agar
- Gelatine

NÜSSE

- Erdnüsse mit Schale
- Geschälte Mandeln
- Walnüsse

SÜSSES

- Kristallzucker
- Staubzucker
- Rohrzucker
- Marmelade (Marille)
- Honig

GEWÜRZE

- Fleur de Sel
- Grobes Meersalz
- Schwarzer Pfeffer
- Muskatnuss
- Paprikapulver, edelsüß
- Kurkuma
- Safran
- Nelken

GEMÜSE IN DER DOSE & IM GLAS

- Kichererbsen
- Mais
- Verschiedene Bohnen
- Geschälte Tomaten
- Tomatenpassata

MEHL & BROT

- Weizenmehl, verschiedene Typen
- Roggenmehl
- Stärke (Mais- oder Kartoffel-)
- Grieß
- Semmelbrösel

ÖL & ESSIG

- Olivenöl extra nativ
- Neutrales Pflanzenöl zum Frittieren (ich bevorzuge Maiskeimöl)
- Erdnussöl
- Sesamöl
- Kokosöl
- Aceto Balsamico
- Weißweinessig
- Rotweinessig

FRISCHE KRÄUTER
im Garten oder am Fensterbrett

- Basilikum
- Thymian
- Petersilie
- Salbei
- Minze
- Koriander

IM KÜHLSCHRANK

- Butter
- Germ
- Vollmilch
- Burrata
- Sauerrahm
- Schlagobers
- Parmesan

IM GEFRIERSCHRANK

- Gemüsefond
- Entkernte Marillen oder Pfirsiche
- Selbst gemachte Gnocchi
- Selbst gebackenes Brot
- Germ
- Eiswürfel
- Kaffir-Limettenblätter
- Zitronengras

ZITRUSFRÜCHTE

- Zitronen
- Orangen
- Limetten

EINGELEGTES

- Grüne und schwarze Oliven
- Kapern
- Essiggurken
- Scharfe Pfefferoni

ASIATISCHE ZUTATEN

- Sojasauce
- Reisessig
- Ingwer
- Kurkuma
- Nori
- Reispapier
- Reisnudeln
- Mirin

LAGERGEMÜSE

- Kartoffeln, mehlig- und festkochend
- Schalotten
- Zwiebeln
- Knoblauch
- Chilis

WAS BRAUCHE ICH ZUM KOCHEN?

MESSER

Das wichtigste Küchengerät ist ein scharfes Messer.

Bei Messern bevorzuge ich japanische Messer aus Stahl. Sie sind leicht, schön, liegen gut in der Hand und eignen sich perfekt zum Feinschneiden.

Ein Küchenmesser mit 20 cm Länge ist für die meisten Aufgaben ausreichend. Zusätzlich habe ich ein Gemüsemesser. Für Brot und Tomaten empfehle ich gewellte Messer.

Scharfe Messer sind teuer in der Anschaffung. Mit der richtigen Pflege amortisieren sie sich durch eine lange Haltbarkeit. Ich empfehle den Messerkauf bei einem Fachhändler, dort können Messer ausprobiert werden, um für jede Hand das passende zu finden.

TÖPFE UND PFANNEN

Für Pasta, Reis, Suppen oder Saucen verwende ich Edelstahltöpfe in unterschiedlichen Größen. Passend zur Topfgröße sind Siebe für Nudeln und Co. sehr wichtig.

Zum Schmoren, für Eintöpfe und zum Anbraten schwöre ich auf Gusseisen-Töpfe. Diese sorgen für optimale Kochergebnisse, und sie sind sehr lange haltbar. Außerdem kann man sie auch im Backofen verwenden.

Für scharfes Anbraten z.B. von Gemüse sind Edelstahlpfannen mit oder ohne Antihaftbeschichtung ideal.

SCHNEIDEBRETTER

Jedes Messer benötigt eine Schneideunterlage. Ideal sind weiche Werkstoffe wie Holz oder Kunststoff. Glas-, Stein- oder Keramikuntergründe sind zwar schön, aber machen scharfe Messer sehr schnell stumpf.

In meiner Küche verwende ich nur Holzbretter. Diese haben eine höhere Lebensdauer und eine bessere Optik als Kunststoff. Holzbretter sind lebendig – Schnitte „verschließen" sich wieder und sind natürlich antibakteriell – und damit sehr hygienisch. Ich habe zwei Bretter: ein Zwiebel- und Knoblauchbrett und ein Obst- und Gemüsebrett.

AUFLAUF- UND OFENFORMEN

Ob für Quiche, gefüllte Paprika oder andere Speisen aus dem Backofen: Feuerfestes Geschirr aus Keramik, Metall oder Glas ist notwendig für deren Zubereitung.

HERD UND BACKOFEN

Ohne Hitze bleibt die Küche kalt. Ob Gas-, Elektro- oder Induktionsherd, obliegt den Präferenzen jedes Einzelnen.

Ober- und Unterhitze oder Heißluft: Jeder Backofen kann viele kulinarische Wünsche erfüllen. Wichtig ist, dass ihr euren Backofen ausprobiert und kennenlernt, damit ihr optimale Ergebnisse erzielt.

ELEKTRISCHE KÜCHENGERÄTE

Den Stabmixer verwende ich als Universalgerät zum Pürieren, Mixen und Zerkleinern. Ein Mixer ist unerlässlich für Mayonnaise, Desserts & Co. Zum Brotteigkneten verwende ich eine Küchenmaschine mit Knethaken.

KLEINUTENSILIEN

Schneebesen, Silikonspachtel, Allround-Edelstahl-Reibe, Zitronenpresse, Pinsel, Salatbesteck, Vorlegebesteck, Nudelholz, Kartoffelpresse, Schöpflöffel und Abschöpfer erleichtern mir meine Arbeit in der Küche.

MÖRSER

Meinen Mörser verwende ich, um Gewürze frisch zu mahlen, für Currypasten oder Pestos. Ich bevorzuge Steinmörser gegenüber Holz- oder Keramikmörsern, da diese durch ihr Eigengewicht besser mahlen.

WAAGE

Wer es genau liebt und exakt arbeiten möchte, sollte sich eine grammgenaue Küchenwaage zulegen. Vor allem für die Zubereitung von Süßspeisen sind Waagen unerlässlich.

Für die **ASIATISCHE KÜCHE** habe ich immer eine Sushimatte, ein Bambuskörbchen und eine Gyozaform im Haus.

Eine umfangreiche Küchenausstattung erleichtert das Kochen enorm und erhöht den Spaßfaktor.

KOCHEN MIT DEN FÜNF SINNEN

Ein integraler Bestandteil meiner Kochphilosophie ist, beim Kochen alle Sinne einzusetzen.

SEHEN

Unsere Augen geben uns die Möglichkeit, Frische und Qualität der Zutaten zu überprüfen. Sind die Waren einwandfrei oder beschädigt? Sind sie makellos und ohne Schimmelbefall? Haben Obst und Gemüse strahlende Farben oder sind sie noch grün und unreif?

Beim Kochen sehe ich, wie weit der Kochprozess schon ist. Ist mein Gemüse noch roh oder schon gekocht? Ist das Brot goldbraun oder schon verbrannt?

RIECHEN

Geruch löst beim Menschen starke Emotionen aus. Beim Einkauf rieche ich oft an meinen Lebensmitteln: Duftet das Brot oder ist es muffig? Riechen Kräuter und Gewürze frisch und aromatisch oder sind sie bereits ausgeraucht?

Beim Zubereiten ist der Geruch ein Indiz, ob die Temperatur beim Backen, Kochen oder Braten passt. Riecht es angenehm und wohlig, ist die Zubereitungstemperatur in Ordnung. Riecht es sehr streng oder vielleicht sogar verbrannt, sollte die Temperatur reduziert werden. Rieche ich weder Fett, Sauce oder Gewürze, ist mehr Hitze angebracht.

SCHMECKEN

Der Geschmack ist beim Essen der zentrale Sinn. Schmecken die Tomaten aromatisch und reif oder eher nach Wasser? Schmeckt der Käse würzig oder mild?

Neben dem Erschmecken der Qualität ist auch das Abschmecken beim Würzen essentiell: versalzen, fad oder harmonisch [→ siehe auch Seite 18]?

FÜHLEN

Das Fühlen von Lebensmitteln wird oft unterschätzt, ist aber wichtig, um den Zustand von Cremen, Teigen etc. festzustellen. Ist die Creme fein genug püriert oder enthält sie noch Stücke? Fühlt sich der Teig elastisch an oder zu brüchig? Ist die Sauce heiß genug oder nur lauwarm? Ist die Pasta al dente?

HÖREN

Sogar unser Gehör ist wichtig beim Kochen, vor allem, wenn mit technischen Hilfsmitteln gearbeitet wird. Arbeitet die Küchenmaschine mit der richtigen Geschwindigkeit? Passt die Temperatur der Pfanne? Ist es ein Brutzeln oder Zischen? Um festzustellen, ob Brot fertig gebacken ist, klopfe ich auf die Unterseite des Brotlaibes. Klingt es hohl, ist das Brot durch.

Das Wichtigste aber ist: Beim Kochen immer konzentriert arbeiten, so vermeidest du unnötige Fehler.

Weil alle Lebensmittel einzigartig sind, sind Zeit- und Gewichtsangaben nur Richtwerte. Zum Beispiel: Eier haben immer unterschiedliche Größen, Teige brauchen manchmal mehr oder weniger Flüssigkeit, Kartoffeln kochen mal länger, mal kürzer, bis sie weich sind.

Das Wichtigste beim Kochen ist also, mitzudenken und zu schauen, was im Topf oder Ofen gerade passiert, und darauf entsprechend zu reagieren.

UMAMI
FETT
BITTER
SCHARF
SALZIG
SÜSS
SAUER

DIE FÜNF GESCHMACKSRICHTUNGEN

Der Schlüssel zum Erfolg beim Kochen ist das Würzen. Wer die sechs Geschmacksrichtungen perfekt kombiniert, erhält ausgeglichene und harmonische Speisen. Abschmecken und Würzen ist sehr subjektiv, da jede Person ein eigenes Geschmacksempfinden und andere Vorlieben hat. Wie in der Musik folgt das Würzen einer Systematik: Wer das Grundschema versteht, kann Speisen harmonisch und kreativ komponieren.

SÜSS verkörpert Wärme, Liebe und Herzlichkeit. Süße Speisen erinnern uns an schöne Momente im Leben, Zucker macht Gerichte warm und zärtlich.

SAUER macht lustig, ist ein alter Spruch, der auch beim Kochen gilt. Säure gibt einer Speise brillante, hohe Geschmacksnuancen – wie eine Querflöte in einem Orchester. Sie macht Speisen frischer, leichter und gibt ihnen mehr Eleganz.

SCHARFE Zutaten bringen Feuer und Leidenschaft in die Küche. Schärfe regt den Speichelfluss an, fügt einem Gericht Spannung und Drama zu und regt die Lust an.

BITTER gibt Speisen Tiefe und Körper und schafft Geschmackstöne im Hintergrund. Weil bitter so wichtig für den Geschmack ist, verwende ich sehr viele frische Kräuter und Gewürze – da diese perfekte Träger von Bitternuancen sind.

SALZIG ist der Grundgeschmack, der fast zu jeder Speise passt. Salz fördert den Eigengeschmack, so schmecken z.B. Tomaten mit einer Prise Salz viel tomatiger. Salz gibt einer Speise Balance und gleicht alle anderen Geschmacksrichtungen aus, so dass kein Geschmack negativ hervorsticht. Weil Salz ein zentrales Thema des Würzens ist, verwende ich für alle meine Rezepte nur das Beste: **Fleur de Sel**. Das ist handgeschöpftes Meersalz aus Frankreich, auch bekannt als Salzblume. Fleur de Sel hat einen lieblichen und weichen Geschmack – im direkten Vergleich dazu ist normales Salz härter, aggressiver und metallisch schmeckend.

UMAMI schmeckt weder süß, sauer, scharf, bitter oder salzig. Umami wurde in Japan entdeckt und ist ein „Komfortgeschmack“. Wenn dir bei einem Gericht buchstäblich das Wasser im Mund zusammenläuft, enthält es viel Umami. In der Wissenschaft wird der Umami-Geschmack mit dem Gehalt an Glutaminsäure in Lebensmitteln gemessen. Umami kann auch als „natürlich vorkommendes Glutamat“ (nicht zu verwechseln mit dem künstlichen Geschmacksverstärker) bezeichnet werden. Lebensmittel in der vegetarischen Küche mit dem meisten Umami-Geschmack sind Algen, Parmesan, Gorgonzola, Tomaten, Pilze und Erbsen.

Alle **FETTE** haben zwar einen leichten Eigengeschmack, sie sind aber vor allem Geschmacksträger. Fett bindet sämtliche Aromen, welche dann am Gaumen kleben bleiben. Deswegen schmecken uns fette Speisen so gut. Weil Fett wichtig für den Geschmack ist, verwende ich großzügige Mengen in meiner Küche. Für fettarme Speisen mit folgenden Ersatzprodukten kochen:

- → **Schlagobers:** Milch oder Sauerrahm
- → **Butter:** Joghurtbutter (nicht zum Braten) oder Menge reduzieren
- → **Mascarpone in Süßspeisen:** Topfen, Joghurt
- → **Mascarpone in pikanten Speisen:** Sauerrahm, Crème fraîche

VERSALZEN, ZU SÜSS ODER LANGWEILIG – WIE GEHT'S WEITER?

Bei jeder Speise geht es um die Balance der unterschiedlichen Geschmacksrichtungen. Ähnlich einem Klavierstück werden mehrere Tasten gleichzeitig angestimmt, um zu einer harmonisch klingenden Symphonie zu kommen.

In einer sehr gut gewürzten Speise können bis zu sechs Geschmackskomponenten gleichzeitig vorhanden sein. Andere Gerichte wiederum kommen auch mit weniger aus. Es bleibt der eigenen Kreativität und Experimentierfreudigkeit überlassen, welche Akzente man setzt.

Hier ein paar Tipps, sollte beim Würzen einmal etwas schiefgehen.

Generell gilt, dass das Zuviel von einem Geschmack durch die Zugabe von einem der anderen Geschmäcker ausgeglichen wird:

→ **Süße** wird runder durch Zugabe von Säure, im Besonderen Zitronensaft.

→ **Säure** wird ausgeglichen durch Süße.

→ **Bitterstoffe** sind ein sehr durchdringender Geschmack, deswegen sparsam dosieren. Zu viel Bitter kann durch Süße leicht verbessert werden.

→ Zu **Scharfes** wird milder durch Süße oder Säure.

→ **Salziges** wird lieblicher und voller durch Süße oder Säure.

Seid mutig und kreativ beim Würzen und traut euch, alle Geschmacksrichtungen auszuprobieren, auch wenn sie auf den ersten Blick widersprüchlich wirken.

In meinen Kochkursen lehre ich den Umgang mit gegensätzlichen Geschmacksrichtungen. Hier sind ein paar Beispiele für Widersprüche, die sich lieben:

→ **Karamellsauce** wird raffinierter durch die Beigabe von einer Prise Fleur de Sel.

→ **Tomatensauce** und **Salatdressings** schmecken mit etwas Süße feiner.

→ **Erdbeeren** und **Balsamico** sind kein Widerspruch, sondern eine süß-saure Symphonie.

→ **Zitronenzeste verfeinert Salate, Früchte und Desserts.**

→ **Minze** passt hervorragend zu vielen Tomatengerichten.

→ Intensive **Käsesorten** (Parmesan, Gorgonzola, Pecorino) lieben etwas Süße (Birnen, Honig, Chutneys, Gelees etc.).

→ **Honig** und **Chili** sind wie füreinander gemacht.

WIE GEHE ICH MIT SALZ UM?

Perfekt gesalzen heißt für mich, die Speise schmeckt weder langweilig noch salzig, sondern vollmundig und nach sich selbst. Wirkt ein Gericht fad, benötigt es mehr Salz. Prise für Prise nachwürzen und nach und nach probieren, bis die Speise deinem Geschmack entspricht.

WIE VERARBEITE ICH KNOBLAUCH AM BESTEN?

Knoblauch ist ein wichtiger Aromageber in der Küche. Weil Knoblauch einen sehr starken Geschmack hat, sollten wir ihn immer vorsichtig einsetzen.

Deftige Saucen vertragen geschnittenen Knoblauch. Für leichte Saucen kann Knoblauch als Ganzes mit der Schale verwendet werden. Den Knoblauch mit einer Messerspitze mehrmals anstechen, in die Pfanne geben, mitbraten oder mitkochen. Vor dem Servieren entfernen. Durch das Anstechen der Knoblauchzehe erhält die Speise ein leichtes, feines Knoblaucharoma, jedoch keinen penetranten Knoblauchgeschmack. Diese Technik kann für alle gekochten Speisen verwendet werden: beim Saucenkochen, Gemüsebraten etc.

RICHTIG GEPFEFFERT

Pfeffer zählt wie Salz zu den Grundgewürzen. Ich bevorzuge schwarzen Pfeffer, da er würzig ist und eine angenehme Schärfe hat. Pfeffer sollte immer in ganzen Körnern gekauft und luftdicht gelagert werden. Vorgemahlener Pfeffer hat sehr wenig Aroma und eine graue Farbe.

Pfeffer schmeckt am besten frisch gemahlen aus einer Pfeffermühle oder grob zerstoßen im Mörser.

Anders als Salz ist Pfeffer temperaturempfindlich. Ab zirka 90 °C entwickelt er unangenehme Bitterstoffe. Um das zu vermeiden, erst nach dem Braten mit Pfeffer würzen. Bei allen Garmethoden, die auf Wasser basieren (Kochen, Dämpfen, Dünsten), kann der Pfeffer gleich mitgekocht werden.

Wie wäre es zur Abwechslung mal mit grünem, weißem oder rosa Pfeffer? Neben klassischem schwarzem Pfeffer findet ihr bei Gewürzhändlern eine große Auswahl an exotischen Pfeffersorten, mit denen ihr eine andere Würze in eure Küche bringen könnt.

Mein Favorit ist Wilder Pfeffer aus Madagaskar, er überzeugt mich mit seinem rauchigen, harzigen und sehr pfeffrigen Geschmack.

LEBENSMITTEL MIT DEN 5 GESCHMACKSRICHTUNGEN

Die folgende Übersicht zeigt dir, in welchen alltäglichen Lebensmitteln welche Geschmacksrichtung steckt. Viele Lebensmittel können auch mehr als eine Geschmacksrichtung haben und diese sind manchmal auch von der Saison abhängig. Zum Beispiel Orangen: Zur Hauptsaison schmecken sie sehr fruchtig und süß, im Sommer nicht ganz so süß und eher säuerlich.

SAUER

- Saft von Zitrusfrüchten (Zitrone, Limette, Orange)
- Essig

SÜSS

- Honig
- Zucker
- Frische Früchte
- Trockenobst

BITTER

- Blattgrün (Spinat, Rucola etc.)
- Gewürze und Kräuter
- Alkohol
- Oliven
- Zesten von Zitrusfrüchten

SCHARF

- Pfeffer
- Chili
- Senf

SALZIG

- Salz
- Sojasauce
- Sellerie

UMAMI

- Tomaten
- Parmesan
- Pilze
- Algen (z.B. Noriblätter)

1
2
3
4
5

DER PERFEKTE SCHNITT

Ob Chefkoch oder ambitionierter Hobbykoch, der richtige Schnitt für Gemüse, Obst und Co. ist für jeden wichtig. Die richtigen Schneidetechniken helfen nicht nur bei der Zubereitung, sondern verleihen jeder Speise den richtigen Biss für besten Genuss. Hier sind die drei Hauptgründe, warum der perfekte Schnitt zählt:

1. MUNDGEFÜHL

Jede Schnittart hinterlässt ein bestimmtes Gefühl im Mund. Durch den richtigen Schnitt kommt der Geschmack der Speisen besser zur Geltung. Beispiel: kleine Karottenwürfel vs. Biss von einer ganzen Karotte; von einem Kohlblatt abbeißen vs. dünn geschnittener Kohl.

2. OPTIK

Speisen sollen nicht nur schmecken, sondern auch attraktiv aussehen. Gleichmäßig, sorgfältig geschnittene Zutaten machen jedes Gericht attraktiv.

3. GLEICHMÄSSIGE KOCHZEITEN

Gleich groß geschnittene Lebensmittel haben gleich lange Kochzeiten. Damit alle Stücke zur selben Zeit fertig werden und ähnlich durch sind, sollen die Stücke gleich groß geschnitten sein. Zum Beispiel, Karotten im selben Gericht nicht einmal würfelig und einmal in Streifen schneiden, stattdessen Karotten konsequent in gleich große Stücke der selben Form schneiden.

SCHNEIDETECHNIKEN

Im Folgenden sind die wichtigsten Schneidetechniken in der Küche mit ihren zugehörigen französischen Ausdrücken erklärt.

WIEGETECHNIK

Diese Technik ist für mich die beste Methode, mit einem Kochmesser zu schneiden. Sie besteht aus 4 Schritten:

1. Die Messerspitze am Brett ansetzen, der Rücken ist in der Luft.
2. Das Messer nach unten drücken und das Lebensmittel durchschneiden.
3. Das Messer nach vorne schieben.
4. Den Messerrücken nach oben ziehen und wieder von vorne beginnen.

Die zweite Hand soll mit den Handknöcheln an der Klinge anliegen und das Lebensmittel ins Messer einführen. Achtung, die Finger dabei immer von der Klinge wegstrecken.

Wer diese Technik kontinuierlich und bewusst einsetzt, wird schneller gleichmäßiger, mit weniger Mühe und Kraftaufwand schneiden.

CHIFFONADE sind lange, hauchdünne Streifen von Blattgemüse oder großblättrigen Kräutern (Spinat, Basilikum, Salbei etc.). Die Blätter wie eine Zigarre einrollen und hauchdünn herunterschneiden ①+②.

JULIENNE sind dünne Streifen in Form von Zündhölzern, idealerweise mit einem Querschnitt von 3 mm x 3 mm und einer Länge von 5 cm. Um Julienne zu schneiden, wird zuerst das Gemüse vorgeschnitten. Die runden Ränder werden abgeschnitten, sodass ein Block mit quadratischem Querschnitt entsteht ③. Von diesem Block werden dünne „Bretter" abgeschnitten. Die Bretter werden dann zu dünnen Julienne geschnitten ④.

BRUNOISE sind kleine Würfel und eine Weiterverarbeitung von Julienne. Die Julienne einfach in kleine Würfel schneiden ⑤+⑥.

Wer beim **ZWIEBELSCHNEIDEN** zu Tränen gerührt ist, hat die Zwiebel meistens falsch geschnitten. Fürs Zwiebelschneiden ist ein großes, scharfes Chefmesser essentiell, kleine oder gezackte Messer sind dafür ungeeignet. Die Zwiebel als Erstes schälen ①+②.
Die Zwiebel halbieren, von Strunk zu Strunk. Eine Zwiebelhälfte auf das Brett legen, entlang der Linien einschneiden ③. Nicht bis zum Strunk durchschneiden, die Zwiebel soll nicht zerfallen. Danach die Zwiebel von unten nach oben einschneiden, ebenfalls nicht ganz durchschneiden ④. Jetzt die Zwiebel von außen nach innen zum Strunk schneiden ⑤+⑥. Je enger die Zwiebel eingeschnitten wird, desto feiner sind die Stücke.

Um Zwiebelringe zu schneiden, die Zwiebel an der dicksten Stelle durchschneiden. Die Zwiebel aufstellen und Scheiben schneiden. Aus den Scheiben die Zwiebelringe drücken.

KNOBLAUCH sollte nie in einer Knoblauchpresse gepresst werden, er schmeckt penetrant und in der Presse bleibt viel hängen. Eine bessere Methode ist es, den Knoblauch zu schälen ①, dann dünnblättrig ② oder zu dünnen Stiften schneiden ③.

GESCHÄLTE TOMATEN werden in der vegetarischen Küche häufig benötigt. Dafür den Strunk der Tomate als Erstes von oben kreisförmig herausschneiden ①. Auf der Tomatenunterseite ein kleines Kreuz einschneiden ②. Einen großen Topf mit Wasser zum Kochen bringen. Eine Schüssel mit kaltem Wasser und Eiswürfeln vorbereiten. Wenn das Wasser kocht, einige Tomaten in den Topf geben ③. Darauf achten, dass sie locker im Wasser schwimmen. Nicht zu viele Tomaten gleichzeitig blanchieren. Die Tomaten kochen, bis sich die Haut zu lösen beginnt. Danach sofort ins Eiswasser geben ④ und auskühlen lassen. Wenn die Tomaten kalt sind, die Haut mit den Fingern oder einem Gemüsemesser abziehen.

ORANGEN-FILETS Die Orange an der Ober- und Unterseite kürzen ① und auf die begradigte Seite stellen. Mit einem scharfen Messer entlang der Wölbung die Schale mit so viel weißem Fleisch wie möglich abschneiden ②. Mit dem Messer zwischen den weißen Membranen die Filets herausschneiden ③. Die Orangenreste mit der Hand ausdrücken und als Orangensaft verwenden, z. B. für Dressings.

Für schöne **MELONENKUGELN** benötigst du einen Melonenausstecher. Die Melone halbieren ①, die Kerne entfernen ② und vom Rand eine Kugel ausstechen ③.

Um Kraut zu **VERARBEITEN**, als Erstes die äußeren Blätter entfernen. Das Kraut in der Mitte halbieren und den Strunk keilförmig herausschneiden.

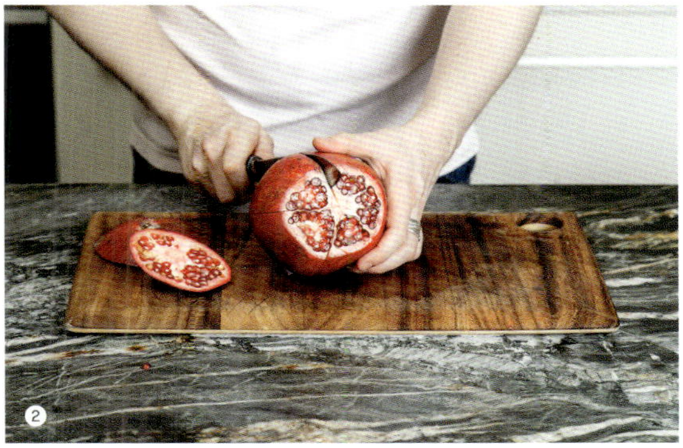

GRANATAPFEL ENTKERNEN Den Granatapfel oben und unten abschneiden ①, bis die Kerne sichtbar sind. Aus dem Granatapfel fünf große Spalten inklusive Schale und Kernen schneiden ②. Eine große Schüssel mit kaltem Wasser vorbereiten. Die Spalten ins Wasser geben, unter Wasser die Kerne ausdrücken ③ und vom weißen Fleisch befreien ④.

INGWER und **KURKUMA** schälen funktioniert am besten mit einem Löffel ①. Danach Ingwer reiben ② oder fein hacken.

MANGOS Eine eher harte Mango lässt sich am besten mit einem Sparschäler schälen ①. Reife und weiche Mangos mit der Längsseite aufstellen. Das Messer etwas neben der Mitte ansetzen und entlang des Kernes herunterschneiden ②. Der Mangokern befindet sich in der Mitte und liegt der Länge nach.

AVOCADOS Mit einem Messer einmal um die Avocado schneiden, die beiden Hälften auseinandernehmen. Mit dem Messer in den Kern schneiden, den Kern herausziehen ①. Danach das Fruchtfleisch mit einem Löffel vorsichtig herausheben und schneiden ②.

CHAMPAGNE

WAS TRINKE ICH ZUM VEGETARISCHEN ESSEN?

Ein schönes Glas Wein, richtig kombiniert mit der passenden Speise, macht aus einem sehr guten Gericht immer ein besonderes kulinarisches Erlebnis.

Die vegetarische Küche ist sehr vielfältig und bunt. Unzählige Gemüsesorten ergeben eine unendliche Anzahl an Speisen, da scheint es schwierig zu sein, den passenden Wein zu finden.

Als einfache Regel gilt: die intensivste Geschmackskomponente in einer Speise mit einem passenden Wein zu ergänzen. Z.B. eine Pasta mit Tomatensauce wird dominiert vom Tomatengeschmack. Tomaten harmonieren mit säurebetonten Weinen wie Pinot Grigio, einem leichten Grünen Veltliner oder Sauvignon Blanc, aber ebenso mit einem Chianti Classico. Leichte Speisen harmonieren mit leichten Weinen mit wenig Säure, würzige Gerichte werden meist bereichert durch einen schweren Wein.

Gerichte mit Bohnen und anderen Hülsenfrüchten wie Tel-Aviv-Pita oder Hortobagy-Palatschinken harmonieren gut mit kräftigen, vollmundigen Weinen wie Cabernet Sauvignon, Shiraz oder auch einem kräftigen Weißwein wie Weißburgunder oder Chardonnay.

Saure Zutaten wie Zitronen oder Tomaten, vor allem in Salaten oder Tabbouleh, harmonieren mit säurebetonten Weinen wie Riesling, Chianti oder Sauvignon Blanc.

Zu Käsegerichten wie Aligot, Flammkuchen oder Quiche empfehle ich Barolo, Merlot, Madeira oder trockenen Sherry, ebenfalls Süßweine. Leichte Käsegerichte wie der italienische Liptauer harmonieren gut mit Champagner, Spumante, Prosecco, Sekt oder Rosé. Als Begleitung zu Ziegenkäse ist ein Sauvignon Blanc eine gute Wahl.

Mediterrane Gerichte mit Tomaten wie Shakshuka, Ratatouille oder gefüllte Paprika lieben italienische Rotweine wie Chianti, Rosso di Montepulciano, Valpolicella oder einen schönen leichten Rotwein aus Südtirol wie Vernatsch. Aber natürlich auch italienische Weißweine wie einen kräftigen Pinot Grigio oder einen Pinot Bianco.

Auch asiatische Speisen werden durch Wein bereichert. Ein universeller Wein für asiatische Speisen ist der Grüne Veltliner. Sehr harmonisch mit scharfen und sehr würzigen Speisen wie Curry oder scharfe Bohnen sind Gewürztraminer oder Riesling. Sushi oder Frühlingsrollen bevorzugen lieblichere Weine wie Chardonnay oder Sauvignon Blanc.

Zu Süßspeisen und Desserts empfehle ich italienischen Vin Santo, spanischen Sherry, Süßweine oder Schaumweine wie Prosecco oder Champagner.

Mein Tipp für das Kochen mit Wein: Ich verkoche nur Wein, den ich auch trinken würde.

HINWEISE ZU DEN REZEPTEN

Alle Rezepte gelten für 4 Portionen, außer anders angegeben.

ARBEITSZEIT (AZ)

Die tatsächliche Arbeitszeit, in der du aktiv bist: schneiden, hacken, abwiegen, Gemüse waschen etc.

ZUBEREITUNGSZEIT (ZZ)

Die Zubereitungszeit ist die Arbeitszeit plus z.B. Kochzeit, Backzeit, das Ruhenlassen etc.

Alle Zeiten sind nur Richtwerte und können individuell abweichen.

VEGAN KOCHEN

Viele Rezepte können mit kleinen Änderungen vegan gekocht werden. Hier sind einige Vorschläge:

→ **Butter (zum Braten):** Öl oder Kokosfett

→ **Kuhmilch:** Hafer-, Reis-, Mandelmilch oder andere pflanzliche Milch

→ **Honig:** Ahornsirup oder brauner Zucker

→ **Schlagobers:** Cashew-, Mandel- oder Kokosmus/-butter, Avocado

→ **Joghurt/Topfen:** wie bei Schlagobers, mit Wasser verdünnen

→ **Sauerrahm:** wie bei Schlagobers, mit Wasser verdünnen, Essig oder Zitronensaft dazugeben

→ **Eier zum Binden**: 1/2 zerdrückte Banane, gemahlene Lein- oder Chiasamen, Mais- oder Kartoffelstärke

→ **Eier als Ganzes** (z.B. Korean Pancakes, Shakshuka): Tofu, Bohnen und Hülsenfrüchte

Ich bevorzuge die oben genannten natürlichen Zutaten für meine vegane Küche gegenüber Ersatzprodukten wie Margarine, Ei-Ersatz und Co.

MENGENANGABEN

1 große Zwiebel | 150 g

STÜCKANGABE | GEWICHTSANGABE

Wenn ihr schnell etwas kochen möchtet, gerne auf euer Gefühl hört und nichts abwiegen wollt, verwendet einfach die Stückangabe.

Da aber jedes Stück Obst und Gemüse einzigartig ist und eine große Zwiebel kein exaktes Maß ist, im Zweifelsfall einfach die Gewichtsangabe verwenden.

Für alle Rezepte Weizenmehl Type 480 (Universalmehl) oder Type 405 (Deutschland) verwenden, außer anders angegeben.

Alle Salzmengenangaben beziehen sich auf die Verwendung von Fleur de Sel. Wer anderes Salz verwendet, bitte mit weniger Salz würzen, kosten und dann erst bei Bedarf nachsalzen.

Eine Prise ist nie ein exaktes Maß, sondern einfach die Menge, die sich zwischen Daumen und Zeigefinger fassen lässt.

1 Esslöffel (EL) entspricht zirka 3 Teelöffeln (TL). Da jeder Besteckhersteller etwas andere Löffelgrößen hat, ist auch das keine exakte Mengenangabe. Die Löffelangaben beziehen sich auf einen gestrichenen, nicht gehäuften Löffel.

Chilis sind unterschiedlich scharf, daher vorsichtig dosieren.

GRUND REZEPTE

Palatschinken, Gemüsefond oder Thai-Sweet-Chili-Sauce sind die grundlegenden Bausteine vieler Rezepte.

TIPPS

Aus Reis lassen sich eine Vielzahl an unterschiedlichen Speisen zubereiten. Z.B. eignet sich Reis wunderbar zum Füllen (gefüllte Paprika), zum Frittieren (Reisbällchen ähnlich wie Falafel), als Risotto, als gebratener Reis oder als Einlage für Suppen oder ein Curry.

Reis zu portionieren funktioniert am besten mit einer Kaffeetasse. Eine halbe Kaffeetasse entspricht ungefähr 60 g oder 1 Portion.

Zu viel Reis gekocht? Einfach den Reis auskühlen lassen. Er ist im Kühlschrank für ein bis zwei Tage haltbar.

AZ: 5 MIN | ZZ: 25 MIN

RICHTIG REIS KOCHEN

ZUTATEN

Für 2 Portionen

1 EL Olivenöl

1/2 Zwiebel | 50 g

3 Zweige Thymian

120 g Reis (beliebige Reissorte)

240 ml Wasser

1 TL Fleur de Sel

2 Nelken

ZUBEREITUNG

Reis unter fließendem Wasser sorgfältig waschen. Abtropfen lassen. Einen Topf mit Olivenöl erhitzen. Zwiebel, Thymian und Reis glasig anbraten, ohne den Reis zu bräunen ①–③. Mit Wasser aufgießen, salzen und Nelken dazugeben ④–⑤. Einmal aufkochen, Deckel auf den Topf geben ⑥, Hitze um etwas mehr als die Hälfte reduzieren und laut Zeitangabe auf der Packung kochen. Je nach Reissorte kocht Reis für 15–50 Minuten. Wichtig, während dem Kochen nicht umrühren, sonst wird der Reis klebrig und zu einem Brei.

Vor dem Servieren Nelken, Zwiebel und Thymian entfernen.

HIER SIND EINIGE IDEEN FÜR REIS:

Reis, Wasser, Salz, Zwiebel laut Grundrezept oben. Das Olivenöl eventuell durch ein anderes Öl ersetzen.

INDISCH

Basmati-Reis

- neutrales Öl zum Braten
- einige Fäden Safran
- 2 Nelken
- 2 Stk. Kardamom
- 1 Zimtstange
- servieren mit Cashews

THAI

Jasmin-Duft-Reis

- Kokosöl zum Braten
- 2 Stk. Zitronengras | 20 cm
- 1 Kaffir-Limettenblatt oder Zesten von 1 Limette
- 5 Korianderblätter
- etwas Kurkuma

ORIENTALISCH

Basmati-Reis

- einige Fäden Safran
- 50 g Rosinen
- 2 EL Datteln
- 50 g gehobelte Mandeln
- 2 Nelken
- optional frischer Granatapfel

RICHTIG BOHNEN KOCHEN

Hülsenfrüchte (Erbsen, Kichererbsen und Linsen), insbesondere Bohnen, können nur gekocht verzehrt werden und dürfen nicht roh gegessen werden, da sie Giftstoffe (Lektine und Phasin) enthalten.

Frisch gekochte Bohnen sind viel aromatischer als Bohnen aus der Dose.

Hummus schmeckt mit frisch gekochten Kichererbsen besser.

UMRECHNUNG

In den meisten Rezepten wird nur die gekochte Menge angegeben. Für 250 g gekochte Bohnen ca. 150 g getrocknete Bohnen verwenden.

Für 400 g gekochte Kichererbsen 200 g getrocknete Kichererbsen verwenden.

DIE KLASSISCHE METHODE

Getrocknete Bohnen über Nacht oder für mindestens 12 Stunden in kaltem Wasser einweichen, damit die Bohnen aufquellen ①. Die Bohnen mit mindestens 10 cm Wasser bedecken, da diese sich sehr vergrößern.

Durch das Einweichen werden die Giftstoffe ausgespült und die Kochzeit verringert sich enorm.

Bohnen, die auf der Wasseroberfläche schwimmen, entfernen.

Danach das Wasser wegschütten, Bohnen gut spülen. Bohnen in einen großen Topf geben. Auf hoher Hitze zum Kochen bringen, danach Hitze reduzieren und auf kleiner Flamme köcheln. Bohnen erst gegen Ende des Kochvorgangs gut salzen. Bohnen kosten, ob sie schon weich sind.

Die Bohnen werden schneller weich, wenn eine Messerspitze Natron ② zum Kochwasser gegeben wird. Gekochte Bohnen sind im Kühlschrank einige Tage haltbar.

Kochzeiten

Kidneybohnen: 90–120 min

Weiße Bohnen: 45–60 min

Pintobohnen: 90–120 min

Wachtelbohnen: 45–60 min

Kichererbsen: 90–120 min

DIE SCHNELLE METHODE

Mit einem Schnellkochtopf oder Dampfdrucktopf können rohe Bohnen ohne Einweichen schnell gekocht werden. 250 ml Wasser und eine Messerspitze Natron zum Kochen verwenden. Die Bohnen laut Anweisungen des Schnellkochtopf-Herstellers kochen.

Kochzeiten für den Schnellkochtopf

Weiße Bohnen: 20 min

Wachtelbohnen: 15–20 min

Kichererbsen: 45 min (für Hummus 60 min)

DIE SCHNELLE ALTERNATIVE

Statt Bohnen können auch Linsen verwendet werden. Gelbe und rote Linsen müssen nicht eingeweicht werden, nur gut gewaschen, und sind in 10–15 Minuten gekocht.

1

2

AZ: 5 MIN | ZZ: 10–15 MIN

RICHTIG NUDELN KOCHEN

Nudeln kochen ist keine Kunst, wenn man folgenden einfachen Regeln folgt:

1. Große Töpfe verwenden, damit die Pasta frei schwimmen kann und nicht zusammenklebt.
2. Frisches Wasser aufkochen, bis es blubbert. Dann erst die Pasta ins Wasser werfen ②. Auf höchster Hitze weiterkochen.
3. Pastateig wird immer ohne Salz hergestellt. Deswegen eine gute Portion Salz ins kochende Wasser geben ① (für 100 g Nudeln 1 l Wasser, 10 g Salz sind etwas weniger als 1 Esslöffel).
4. Nach der empfohlenen Kochzeit laut Packungsangabe die Pasta kurz probieren, ob sie al dente (also bissfest und nicht schwammig weich) ist und auch salzig genug schmeckt. Ist dies der Fall, die Pasta abseihen. In eine Schüssel geben, die vorbereitete Sauce darübergeben und sofort servieren.

Frische Pasta benötigt nur wenige Minuten zum Kochen, da Eier schneller durch sind als Getreide.

MENGENANGABEN ZU PASTA

Damit beim Kochen keine Pasta übrig bleibt, sollte sie richtig portioniert sein. Bei getrockneter Pasta sind das zirka 125 g, bei frischer Pasta nur 60 g pro Person.

1

2

ZZ: 15 MIN

PALATSCHINKEN & CRÊPES

Pikant, süß, gefüllt, belegt, pur

ZUTATEN

Für 10 Stück

PALATSCHINKEN

2 Eier

250 ml Vollmilch

150 g Weizenmehl

1 TL Fleur de Sel

CRÊPES

1 Ei

250 ml Vollmilch

100 g Weizenmehl

25 g flüssige Butter

1 EL Kristallzucker

1/2 TL Fleur de Sel

Öl zum Braten (Maiskeim-, Raps- oder Sonnenblumenöl)

ZUBEREITUNG

In einer Schüssel Ei(er) mit dem Schneebesen schaumig rühren. Restliche Zutaten dazugeben und zu einem flüssigen Teig verrühren. Je nach Bedarf den Teig mit Mehl eindicken oder mit Milch flüssiger machen. Der Teig soll eher flüssig sein.

Eine Pfanne mit Öl erhitzen. In die Mitte der Pfanne etwas Teig gießen, Pfanne schräg halten und Teig verteilen. Der Teig soll die Pfanne nur hauchdünn bedecken.

Zuerst eine Seite goldbraun anbraten, wenden und dann die zweite Seite ebenso goldbraun anbraten. Nach jeder fertigen Palatschinke wieder ein paar Tropfen Öl in die Pfanne geben.

TIPPS

Für Palatschinken gibt es unzählige Möglichkeiten, sie kreativ einzusetzen. Aufgeschnitten als Suppeneinlage, gefüllt z.B. als asiatische Palatschinken mit scharfen grünen Bohnen, italienisch mit gegrilltem Gemüse, ungarisch mit Bohnen-Gulasch etc.

Für Süßspeisen verwende ich lieber Crêpes, da sie leichter und lockerer sind und mit Butter hergestellt werden. Als süße Füllung eignen sich neben den Klassikern Eis und Marmelade auch Himbeer-Mascarpone-Parfait [→ Seite 156] oder Avocado-Schoko-Mousse [→ Seite 162]. Oder man bereitet sie klassisch zu als Crêpes Suzette [→ Seite 164].

Für perfekte Bratergebnisse empfehle ich eine Crêpes-Pfanne bzw. eine Pfanne mit niedrigem Rand.

AZ: 15 MIN | ZZ: 45 MIN

TORTILLAS

Mexikanisches Fladenbrot

ZUTATEN

Für 16 Stück

MAIS-TORTILLAS

350 ml Wasser
1 TL Fleur de Sel
250 g Maismehl
75 g Polenta

WEIZEN-TORTILLAS

350 g Weizenmehl
250 ml Wasser
100 ml Öl (Sonnenblumen-, Maiskeim- oder Rapsöl)
1 TL Fleur de Sel

etwas Mehl zum Ausrollen

ZUBEREITUNG

MAIS-TORTILLA-TEIG

Wasser in einem Topf zum Kochen bringen. Salz darin auflösen. Wenn das Wasser kocht, vom Herd nehmen, Maismehl und Polenta einrühren, bis ein dicker, zäher Teig entsteht. Etwas auskühlen lassen, danach von Hand kneten.

WEIZEN-TORTILLA-TEIG

Alle Zutaten zu einem Teig verarbeiten und für 10 Minuten kneten.

Tortillas formen

Den Teig mit Frischhaltefolie umwickeln und für 30 Minuten im Kühlschrank ruhen lassen. Danach den Teig in Stücke teilen und zu Kugeln formen. Die Kugeln leicht bemehlen und mit dem Nudelholz 2 mm dünn ausrollen.

Eine Pfanne ohne Öl erhitzen. Die Tortillas auf hoher Hitze auf beiden Seiten braten, bis sie leicht gebräunt sind. Nicht zu lange braten, sonst werden sie hart und können nicht gerollt werden.

TIPPS

Tortillas können sehr gut auf Vorrat hergestellt werden. Die fertigen Tortillas auskühlen lassen. Sie lassen sich luftdicht für mehrere Wochen lagern.

Beide Tortilla-Arten können genau wie Palatschinken unterschiedlich gefüllt werden: Guacamole und Salsa [→ Seite 146], Falafel und Hummus [→ Seite 119], Ratatouille [→ Seite 108] etc.

Mais-Tortillas haben mehr Eigengeschmack und sind etwas zäher, Weizen-Tortillas sind süßer, weicher und schmecken neutral. Mais-Tortillas können auch frittiert werden, das sind dann Nachos.

Mexikanisches Fladenbrot

AZ: 10 MIN | ZZ: 1 H 10 MIN

GEMÜSEFOND

Grundlage für Saucen, Suppen & Co.

ZUTATEN

Für 2 l Gemüsefond

GRUNDREZEPT

1 große Karotte | 150 g

1/2 Zwiebel | 50 g

1 ganze Knoblauchzehe mit Schale

6 schwarze Pfefferkörner

1 Stück Stangensellerie | 50 g

2 EL grobes Meersalz | 20 g

1 kleine Chili

1/2 Lauchstange | 50 g

1 Lorbeerblatt

2 Zweige Thymian

1 Zweig Petersilie

2 l Wasser

ZUBEREITUNG

Karotte und Zwiebel schälen und halbieren. Alle Zutaten in einen Topf geben und zum Kochen bringen. Wenn die Suppe kocht, Hitze reduzieren und auf mittlerer Hitze für 1 Stunde köcheln. Suppe abseihen und kalt stellen.

TIPPS

Für Gemüsesuppe können beliebige Gemüsesorten verwendet werden, auch Gemüsereste, die beim Kochen übrig bleiben: Schalen, Wegschnitt etc. Der Geschmack wird durch Schalen voller, die Farbe jedoch leicht eingetrübt.

Die Gemüsesuppe kann mit beliebigen Kräutern und Gewürzen zubereitet werden.

Kalte Gemüsesuppe in Gefrierbeuteln einfrieren oder wie Marmelade einkochen und im Glas lagern.

Für eine dunklere und kräftigere Suppe 2 Zwiebeln halbieren und mit der Schale in einer Pfanne ohne Öl scharf anbraten, bis sie gut gebräunt sind. Die gebrannten Zwiebeln mitkochen.

HIER SIND EINIGE IDEEN FÜR FONDS:

Karotte, Zwiebel, Sellerie, Chili, Salz, Pfeffer und Knoblauch laut Grundrezept oben

VIETNAMESISCH

4 Zweige Koriander

5 cm Ingwer

1 Frühlingszwiebel

2 Sternanis

2 Nelken

1 Zimtstange

THAI

4 Zweige Koriander

5 cm Ingwer

1 Frühlingszwiebel

2 Stk. Zitronengras

1 Kaffir-Limettenblatt oder Zesten von 1 Limette

5 Blätter Thai-Basilikum

ÖSTERREICHISCH

Grundrezept

+ 3 Blätter Liebstöckel

1

2

3

ZZ: 5–15 MIN

MAYONNAISE

Kalte Grundsauce auf Basis von Ei und Öl

ZUTATEN

KLASSISCHE MAYONNAISE

ca. 50 ml Öl (Maiskeim-, Sonnenblumen- oder Rapsöl)

1 Eidotter

1 Prise Fleur de Sel

1 Prise schwarzer Pfeffer

SCHNELLE MAYONNAISE

ca. 200 ml Öl (Maiskeim-, Sonnenblumen- oder Rapsöl)

1 Ei

1 EL Zitronensaft

1 1/2 TL Fleur de Sel

1 Prise schwarzer Pfeffer

ZUBEREITUNG KLASSISCHE MAYONNAISE

Eine kleine Schüssel vorbereiten ①. Öl in einer Kanne abmessen. Das Eidotter ② mit dem Handmixer schaumig rühren. Schluckweise das Öl dazugeben ③, ständig weitermixen. Der Vorgang dauert ca. 10–15 Minuten, bis das Eidotter das ganze Öl aufgenommen hat.

Salzen und pfeffern.

ZUBEREITUNG SCHNELLE MAYONNAISE

Alle Zutaten in ein hohes Gefäß geben und mit dem Stabmixer auch höchster Stufe mixen. Die Mayonnaise ist in wenigen Minuten fertig.

TIPPS

Da kein Ei dem anderen gleicht, ist die Ölmenge nur ein Richtwert. Die Mayonnaise benötigt manchmal mehr oder weniger Öl. Wenn die Mayonnaise bereits dick-cremig ist, nicht mehr Öl dazugeben. Bei zu viel Öl bricht die Mayonnaise.

Die schnelle Mayonnaise ist weniger aromatisch, etwas heller und dünn-flüssiger. Die klassische Mayonnaise ist dick-cremig, aromatisch nach Eigelb schmeckend und gelblicher.

Selbst gemachte Mayonnaise sollte rasch konsumiert werden und lässt sich nur ein bis zwei Tage im Kühlschrank aufbewahren.

Mayonnaise ist eine ideale Grundlage für Saucen, Salat-Dressings, als Dip für Gemüse, Kartoffeln oder um Brote zu bestreichen.

AZ: 10 MIN | ZZ: 25 MIN

THAI-SWEET-CHILI-SAUCE

Süß, sauer und scharf

ZUTATEN

Für 500 ml Sauce

2 rote Spitzpaprika | 200 g

6 scharfe Chilis | 8 g

5 cm Ingwer | 20 g

1 Knoblauchzehe

125 ml Wasser

125 ml Reisessig

250 g Zucker

3 EL Limettensaft

1 TL Fleur de Sel

ZUBEREITUNG

Paprika entkernen und grob schneiden. Chilis halbieren, nach Belieben entkernen und grob hacken. Ingwer schälen und fein hacken. Knoblauch schälen. Paprika, Chili, Ingwer und Knoblauch mit dem Pürierstab fein pürieren.

In einem Topf Wasser mit Essig, Limettensaft und Zucker aufkochen lassen. Kochendes Wasser salzen. Das pürierte Gemüse dazugeben, Hitze reduzieren und für mindestens 15 Minuten auf mittlerer Hitze kochen lassen. Die Sauce soll die Konsistenz einer flüssigen Marmelade aufweisen.

TIPPS

Die Schärfe der Sauce ist abhängig von der Chilisorte. Da jede Person Schärfe anders empfindet, sind meine Mengenangaben nur eine Richtlinie.

Ich koche die Sauce am liebsten mit Thai-Chilis aus dem Asiamarkt. 3 Chilis entkerne ich, 3 verkoche ich mit Samen. Diese Kombination ergibt eine sehr scharfe Sauce, die (noch) nicht höllisch brennt.

Wer es nicht so scharf mag, kann weniger Chilis verwenden, alle Schoten entkernen oder scharfe Pfefferoni statt Chilis nehmen.

Eine weitere Möglichkeit ist, die Sauce nachträglich vorsichtig mit Wasser zu verdünnen.

Mmh

SALATE, SUPPEN & VORSPEISEN

Frisch, bunt und knackig.
So sollte jedes Essen beginnen.

Italienischer Melonensalat

ZZ: 15 MIN

INSALATA DI MELONE

Italienischer Melonensalat

ZUTATEN

3 kleine Melonen | 1 1/2 kg *

VINAIGRETTE

1/2 Bund Minze | 10 g
Zesten von 1 Zitrone
Saft von 1 Zitrone | 30 ml
2 EL Weißweinessig
4 EL Olivenöl

1 TL Fleur de Sel
1 Prise schwarzer Pfeffer
1 TL Honig

100 g Rucola
ein paar Spritzer Aceto Balsamico

ZUBEREITUNG

Melonen in 2 cm große Würfel schneiden oder Kugeln mit einem Kugelausstecher ausstechen [→ Seite 26]. Das restliche Fruchtfleisch aus den Melonen kratzen.

Minzblätter zupfen, Stängel weggeben. Einige kleine Minzblätter zum Dekorieren aufheben. In eine Schüssel alle Vinaigrette-Zutaten und das Fruchtfleisch geben, mit dem Stabmixer vermixen. Abschmecken mit Salz, Pfeffer und Honig.

Melonen und Rucola mit Vinaigrette mischen. Mit den Minzblättern dekorieren. Etwas Balsamico über den Salat träufeln.

TIPP

* Jede Melonenart oder auch andere feste Früchte (z.B. Äpfel oder Birnen) eignen sich für diesen Salat. Der Salat schmeckt besonders gut und schaut besonders bunt aus, wenn verschiedene Melonenarten verwendet werden: z.B. 1 Mini-Wassermelone, 1 Galia und 1 Cantaloupe.

ZZ: 10 MIN

SPINAT-FEIGEN-SALAT

Frühherbstlicher Salat

ZUTATEN

200 g Blattspinat
1 Birne | 200 g
8 Feigen | 400 g
1 Chili

DRESSING

Zesten von 2 Zitronen
200 ml Olivenöl
Saft von 4 Zitronen | 120 ml
4 EL Weißweinessig | 60 ml

1 1/2 TL Fleur de Sel
1 Prise schwarzer Pfeffer
4 EL Honig

ZUBEREITUNG

Spinat, Birne und Feigen waschen. Feigen vierteln. Birne dünn blättrig schneiden. Chili fein hacken.

Zesten abreiben. Zitronen auspressen. Alle Dressing-Zutaten verrühren. Salzen, pfeffern, süßen mit Honig.

Spinat, Feigen, Birnen und Chili in eine Salatschüssel geben, mit Dressing übergießen, vorsichtig umrühren und servieren.

TIPP

Außerhalb der Feigensaison können auch getrocknete Feigen (3 statt 8 Stück) oder andere frische Früchte wie Beeren, Melonen oder Granatapfel verwendet werden.

AZ: 10 MIN | ZZ: 20 MIN

STEIRISCHER WALDORFSALAT

Sellerie und Apfelsalat

ZUTATEN

1/2 Sellerieknolle | 400 g
2 saure Äpfel | 400 g
200 g weiße Trauben
40 g Vogerlsalat

DRESSING

100 g griechisches Joghurt
50 g Crème fraîche
Zesten von 1/4 Zitrone
Saft von 1/2 Zitrone | 15 ml
1 EL Olivenöl
1 TL Weißweinessig
2 TL Honig
1 TL geriebener Kren

1 Prise Fleur de Sel
1 Prise schwarzer Pfeffer

KARAMELLISIERTE NÜSSE

50 g Wasser
50 g Kristallzucker
100 g Walnüsse

OPTIONAL

Kürbiskernöl

ZUBEREITUNG

Sellerie und Äpfel schälen, in dünne Streifen [→ Julienne-Schnitt, siehe Schneidetechniken Seite 22] schneiden. Für das Dressing alle Zutaten miteinander verrühren. Salzen und pfeffern.

KARAMELLISIERTE NÜSSE
Backofen auf 200 °C Heißluft vorheizen. Für die karamellisierten Nüsse Wasser und Zucker zum Kochen bringen. Einige Minuten köcheln lassen und über die Walnüsse gießen. Auf einem Backblech mit Backpapier verteilen und für 10 Minuten backen, bis die Nüsse glänzen und leicht gebräunt sind. Danach auskühlen lassen.

In eine Salatschüssel Sellerie, Äpfel und Dressing geben, gut verrühren. In der Tellermitte anrichten, Trauben und Walnüsse um den Salat dekorieren. Vogerlsalat mit etwas Dressing beträufeln und auf den Salat legen. Nach Belieben ein paar Tropfen Kürbiskernöl am Teller verteilen.

TIPPS

Die karamellisierten Nüsse sind gut lagerbar und schmecken auch als süßer Snack für zwischendurch.

Für ein volleres Dressing Joghurt und Crème fraîche durch Mayonnaise [→ Seite 47] ersetzen.

Sellerie und Apfelsalat

ZZ: 10 MIN

RADICCHIO-ORANGEN-SALAT

Italienischer Wintersalat

ZUTATEN

1 kleiner Kopf Radicchio | 300 g

3 Orangen | 500 g

10 schwarze Oliven

1 Pkg. Burrata | 200 g

DRESSING

3 Zweige Thymian

Zesten von 1 Orange

Saft von 1/2 Orange | 40 ml

1 EL frischer Zitronensaft | 15 ml

5 EL Olivenöl | 65 ml

1 TL Honig

1 1/2 TL Fleur de Sel

1 Prise schwarzer Pfeffer

ZUBEREITUNG

Den Radicchio gut waschen. Die äußeren Blätter entfernen. Dann 4 große schöne Blätter zur Seite geben. Radicchio in der Mitte durchschneiden und den Strunk entfernen. Blätter zupfen und zerkleinern.

Die Orangen filetieren [→ siehe Schneidetechniken Seite 26].

Thymianblätter abzupfen. Für das Dressing die Orangenzesten, Thymianblätter, Orangen- und Zitronensaft und Olivenöl verrühren. Mit Honig süßen, salzen und pfeffern.

Oliven bei Bedarf entkernen und in Scheiben schneiden. Gezupfte Radicchio-Blätter, Oliven und Orangenfilets in einer Schüssel mit dem Dressing vermischen.

Auf einen Teller ein großes Radicchio-Blatt legen, dieses mit etwas Salat füllen. Die Burrata zerteilen und auf den Salat legen.

TIPPS

Um den bitteren Radicchio-Geschmack zu reduzieren, die Blätter in lauwarmem Wasser für 15–20 Minuten einweichen. Um noch mehr Bitterstoffe auszuschwemmen, etwas Essig ins Einweichwasser geben.

Statt Radicchio kann der Salat auch mit beliebigen anderen Salatsorten (Rucola, Chinakohl, Chicorée, Häuptelsalat …) zubereitet werden.

Wem Radicchio pur zu intensiv schmeckt, kann den Salat mit anderen Salatsorten mischen.

AZ: 10 MIN | ZZ: 40 MIN

TABBOULEH MIT GRANATAPFEL

Libanesischer Salat

ZUTATEN

1 TL Fleur de Sel
150 g Couscous

150 g Kirschtomaten
1 Granatapfel | 250 g
2 Frühlingszwiebeln | 100 g
1 kleine Salatgurke | 200 g
1 Bund Minze | 20 g
1/2 Bund Petersilie | 25 g

DRESSING

Zesten von 1 Zitrone
Saft von 1 Zitrone | 30 ml
5 EL Olivenöl
1 1/2 TL Fleur de Sel
1 Prise schwarzer Pfeffer

ZUBEREITUNG

300 ml Wasser (doppelt so viel Wasser wie Couscous) in einem Topf zum Kochen bringen. Wenn das Wasser kocht, salzen, den Couscous einrühren und vom Herd nehmen. Einige Minuten ziehen lassen, bis der Couscous alle Flüssigkeit absorbiert hat. Couscous aus dem Topf geben und auskühlen lassen.

Kirschtomaten vierteln. Granatapfel entkernen [→ siehe Schneidetechniken Seite 27]. Frühlingszwiebeln in dünne Ringe schneiden. Salatgurke schälen und in kleine Würfel schneiden. Minze und Petersilie zupfen, Stängel nicht verwenden. Blätter fein hacken. Einige Minzblätter zur Garnierung aufheben.

Für das Dressing Zitronenzesten und Zitronensaft mit Olivenöl verrühren. Salzen und pfeffern.

Den kalten Couscous, Dressing und alle anderen Zutaten in eine große Schüssel geben und vermischen. Abschmecken. Tabbouleh 30 Minuten ziehen lassen und servieren.

TIPPS

Tabbouleh wird traditionell mit Bulgur zubereitet. Ich bevorzuge Couscous, da es einen feineren und neutralen Geschmack hat und die Körner kleiner sind.

Das Tabbouleh ist im Kühlschrank einige Tage haltbar. Wenn du das Tabbouleh nicht sofort essen willst, sondern für den nächsten Tag zubereitest, die Frühlingszwiebeln erst vor dem Servieren dazugeben.

Wer das Tabbouleh etwas lieblicher und süßer essen möchte, gibt 1 TL Honig dazu.

Libanesischer Salat

AZ: 30 MIN | ZZ: 1 H 30 MIN

GYOZA MIT GEMÜSEFÜLLUNG

Asiatische Teigtaschen

ZUTATEN

Für 30 Stück

GYOZA-TEIG

200 ml Wasser
1 TL Fleur de Sel
300 g Weizenmehl

SAUCE & MARINADE

1 Knoblauchzehe
3 cm Ingwer | 10 g

10 EL Sojasauce | 150 ml
6 EL Reisessig | 90 ml
6 EL Zucker | 60 g
6 EL Shaoxing-Wein | 90 ml
3 EL Sesamöl, geröstet | 45 ml
1 TL Fleur de Sel
1 Prise schwarzer Pfeffer
1 Chili

ZUBEREITUNG

SAUCE & MARINADE

Für die Sauce Knoblauch fein hacken. Ingwer reiben. Alle Zutaten in einen Kochtopf geben, kurz aufkochen, bis sich der Zucker auflöst. Gut umrühren.

GYOZA-TEIG

Das Wasser zum Kochen bringen. Danach vom Herd nehmen und ins kochende Wasser Salz und Mehl einrühren. Zu einem Teig kneten. Den Teig zugedeckt und gekühlt für eine Stunde rasten lassen.

GEMÜSEFÜLLUNG

Frühlingszwiebel, Knoblauch, Pilze, Koriander, Chili, Chinakohl/Kraut, Karotten, Maroni und Ingwer ① fein hacken ②. Zuerst Frühlingszwiebel, Ingwer, Knoblauch, Chili und Koriander in nativem Sesamöl glasig braten. Danach Karotten und Chinakohl dazugeben und braten, bis sie weich sind. Zum Schluss erst die Pilze einige Minuten mitbraten.

Alle gebratenen Zutaten in eine Schüssel geben ③ und salzen. Ei, 4 EL Marinade und Maroni zugeben ④. Gut verkneten. Abschmecken.

GYOZA FORMEN

Den Gyozateig hauchdünn mit dem Nudelholz ausrollen ⑤ und Kreise (Ø 10 cm) ausstechen ⑥. Die Kreise mit etwas Wasser bestreichen ⑦, in die Mitte 1 TL Füllung geben ⑧ und in der Mitte zusammenklappen. Die Ränder mit den Fingern andrücken ⑨–⑫.

[→ weiter geht's auf den nächsten Seiten]

[→ Schritte siehe S. 64–67]

GEMÜSEFÜLLUNG

1 Frühlingszwiebel | 50 g

1 Knoblauchzehe

200 g Pilze (Champignons oder Shiitake)

1/2 Bund Koriander | 10 g

1 Chili

150 g Chinakohl oder Kraut

2 Karotten | 120 g

100 g Maroni

2 cm Ingwer | 10 g

6 EL Sesamöl nativ | 90 ml

1 Prise Fleur de Sel

1 Ei

Wasser zum Bestreichen

ZUM SERVIEREN

etwas Sesam

etwas Frühlingszwiebel

etwas Koriander

GYOZA GAREN

Gyoza können in Wasser gekocht, in Öl gebraten oder gedämpft werden.

In Wasser kochen: Einen Topf mit Wasser zum Kochen bringen. Wasser salzen. Gyoza für mehrere Minuten auf höchster Hitze kochen, bis sie oben schwimmen.

Braten: Natives Sesamöl in einer Pfanne erhitzen. Gyoza auf einer Seite scharf anbraten. Mit 100 ml Wasser aufgießen, bis die Gyoza leicht bedeckt sind. Zudecken. Zirka 5–6 Minuten köcheln, bis sämtliches Wasser verdampft ist. Deckel entfernen und danach nochmals scharf braten.

Dämpfen: Einen Topf mit genügend Wasser zum Kochen bringen. Gyoza mit kleinen Stücken Backpapier unterlegen. Die Gyoza in einem Bambuskörbchen oder in einem Dampfeinsatz auf höchster Stufe für 30–35 Minuten dämpfen.

SERVIEREN

Mit Sesam bestreuen. Frühlingszwiebel fein hacken und mit Koriander über die Gyoza streuen.

TIPPS

Für einfaches Arbeiten und besonders schöne Gyoza einen Ravioliformer oder eine Gyoza-Presse verwenden.

Ich mache immer eine große Menge Gyoza und friere sie ein. Gefrorene Gyoza haben eine längere Kochzeit.

Shaoxing-Wein ist ein chinesischer Reiswein. Alternativ kann trockener Sherry, Sake oder die halbe Menge Wodka verwendet werden.

3

小豆島名産
生搾醤油
《蔵造り》
4

5

6

7

8

9

10

11

12

AZ: 15 MIN | ZZ: 20 MIN

KOREAN PANCAKES

Scharfe Palatschinken mit Frühlingszwiebeln

ZUTATEN

Für 4 Pancakes à 30 cm

SAUCE

1/2 Knoblauchzehe
4 EL Sojasauce
2 EL Reisessig
2 TL Zucker

PANCAKES

2 cm Ingwer | 10 g
2 Chilis
4 Frühlingszwiebeln | 200 g
120 g Weizenmehl
40 g Maisstärke
2 Eier
30 g Sesam zum Bestreuen
4 EL Sesamöl nativ
1 Knoblauchzehe mit Schale
2 TL Fleur de Sel
1 Prise schwarzer Pfeffer

ZUBEREITUNG

Für die Sauce Knoblauch fein hacken. Alle Saucen-Zutaten in einen Topf geben und erhitzen, bis sich der Zucker auflöst. Sauce kalt stellen.

Ingwer schälen. Chilis und Ingwer fein hacken. Frühlingszwiebeln in der Länge halbieren. Frühlingszwiebeln sollen ihre lange Form behalten, je nach Pfannengröße kürzen.

Weizenmehl und Stärke miteinander sieben. Eier in einer Schüssel aufschlagen. Eine große Pfanne mit Ø 30 cm erhitzen. Sesam ohne Öl rösten, bis er leicht gebräunt ist und bis ein Röstaroma riechbar ist. Sesam umfüllen.

Sesamöl in der gleichen Pfanne erhitzen. Frühlingszwiebeln mit der ungeschälten Knoblauchzehe anbraten. Mit 1 TL Sauce ablöschen. Mehl-Stärke und Salz zu den Eiern geben und so wenig umrühren wie notwendig. Über die gebratenen Zwiebeln geben und Pancake auf mittlerer Hitze braten. Wenden und zweite Seite fertig braten.

Mit Sauce servieren und mit geröstetem Sesam bestreuen. Pfeffern.

Scharfe Palatschinken mit Frühlingszwiebeln

ZZ: 30 MIN

VIETNAMESISCHE SOMMERROLLEN

Die „schlanke" Schwester der Frühlingsrolle

ZUTATEN

Für 20 Rollen

LIMETTENSAUCE

Zesten von 1 Limette
Saft von 3 Limetten | 80 ml
3 cm Ingwer | 15 g
50 g Rohrzucker
1 1/2 EL Reisessig
2 EL Maiskeimöl
2 EL Sojasauce

1 Prise Fleur de Sel
1 Prise schwarzer Pfeffer

FÜLLUNG

1 große Karotte | 100 g
1 Mango | 400 g
1 Paprika | 200 g
1 Avocado | 150 g
1 Mini-Gurke | 50 g
1 Frühlingszwiebel | 50 g
50 g Shiitake-Pilze
1 Prise Fleur de Sel

20 Stück Reispapier, rund oder eckig, 16 cm
20 Minzblätter

ZUBEREITUNG

Für die Sauce Limettenzesten abreiben ①. Limetten auspressen ②. Ingwer schälen und reiben.

Limettensaft und -zesten mit Zucker und Ingwer aufkochen ③. Einige Minuten köcheln lassen und dann vom Herd nehmen. Die restlichen Zutaten unterrühren. Salzen und pfeffern. Abschmecken.

SOMMERROLLEN

Karotte und Mango schälen. Paprika entkernen. Avocado halbieren, den Kern entfernen und Avocado aushöhlen. Gurke, Karotte, Frühlingszwiebel und Paprika in lange Streifen schneiden [→ Julienne-Schnitt, siehe Schneidetechniken Seite 22], Mango, Pilze und Avocado in dünne Scheiben schneiden ④–⑧. Gemüse leicht salzen.

Das Reispapier in kaltem Wasser einlegen ⑨. Wenn das Reispapier weich ist, herausnehmen. In die Mitte des Reispapiers ein Minze-Blättchen legen ⑪. Von jeder Gemüseart 2 Streifen verwenden. Mit etwas Sauce bestreichen ⑫. Die linke und rechte Seite umklappen ⑬ und die Rolle mit etwas Druck sehr eng einrollen ⑭. Mit Sauce servieren, mit einem Minze-Blättchen dekorieren.

TIPPS

Statt Reispapier können die Rollen auch mit Palatschinken [→ Seite 41] oder Weizen-Tortillas [→ Seite 42] zubereitet werden.

Die Sommerrollen können auch mit anderen Gemüsesorten befüllt werden. Stärkehaltige Gemüsesorten wie Kartoffeln oder Süßkartoffeln müssen vorgekocht sein.

Sommerrollen werden immer roh und kalt gegessen und eignen sich nicht sehr gut zum Frittieren.

Für mehr Umami-Geschmack, 1 Stück Kombu-Alge mit der Limettensauce mit aufkochen. Danach entfernen.

Die „schlanke" Schwester der Frühlingsrolle

1

2

3

4

5

6

7

8

9

10

11

11

12

13

AZ: 15 MIN | ZZ: 2 H 15 MIN

OCHSENHERZ-GAZPACHO MIT GIN

Kalte spanische Tomatensuppe mit „Schuss“

ZUTATEN

BROTWÜRFEL

3 Stk. Weißbrot | 150 g

2 EL Olivenöl

GAZPACHO

1 Ochsenherz-Tomate | 500 g

1 Stk. Stangensellerie | 50 g

1/4 Knoblauchzehe

1 Gurke | 200 g

1 Wassermelone | 200 g

2 Stk. Weißbrot | 100 g

1 kleine Chili

1 EL Sherryessig

4 EL Olivenöl

einige Basilikumblätter

1 TL Fleur de Sel

1 Prise schwarzer Pfeffer

ZUM SERVIEREN

einige Basilikumblätter

Eiswürfel

1 EL Gin pro Glas

ZUBEREITUNG

BROTWÜRFEL

Backofen auf 200 °C Heißluft vorheizen. Weißbrot in 2 x 2 cm große Würfel schneiden. Diese mit Olivenöl beträufeln und für 10 Minuten im Ofen backen, bis sie knusprig und goldbraun sind.

GAZPACHO

Einen großen Topf mit Wasser zum Kochen bringen. Tomatenstrunk herausschneiden, Tomate umdrehen und auf der Unterseite ein Kreuz einschneiden. Danach kurz ins kochende Wasser geben und Tomate blanchieren, bis die Haut Risse bekommt. Sofort in eine Schüssel mit Wasser und Eiswürfeln geben. Wenn die Tomate kalt ist, Haut abziehen.

Tomate in Stücke schneiden. Sellerie und Knoblauch fein hacken. Gurke schälen und grob schneiden. Melone in Stücke schneiden. Weißbrot entrinden. Tomaten, Chili, Sellerie, Knoblauch, Brot, Melone, Essig, Olivenöl, Basilikum und Gurke in eine Schüssel geben und mit dem Stabmixer pürieren. Salzen und pfeffern. Gazpacho kalt stellen.

4 Gläser vorbereiten. Basilikum fein schneiden [→ Chiffonade-Schnitt, siehe Schneidetechniken Seite 22]. Das Glas mit Eiswürfeln ausschwenken. Den Gin dazugeben, nochmals schwenken und die Eiswürfel danach weggeben. Mit Gazpacho aufgießen, mit Basilikum bestreuen, Brotwürfel dazureichen.

TIPPS

Gazpacho schmeckt am besten im Sommer mit vollreifen Tomaten. Ideal sind Ochsenherz- oder andere Fleischtomaten, da sie sehr saftig sind und einen tollen Geschmack haben.

Statt Gin kann auch Sherry, Wein oder Wodka verwendet werden.

Sherryessig kann auch durch Rotweinessig ersetzt werden.

Kalte spanische Tomatensuppe mit „Schuss"

AZ: 15 MIN | ZZ: 30 MIN

FRANZÖSISCHE ZWIEBELSUPPE

Eine Suppe für kalte Tage

ZUTATEN

300 g Zwiebeln
2 EL Olivenöl
3 Zweige Thymian
1 Knoblauchzehe
1/2 TL Fleur de Sel
2 EL Kristallzucker
50 g Butter
100 ml Weißwein
1 l Gemüsefond [→ Seite 45]
1 Prise schwarzer Pfeffer
2 EL Kirsch oder Weichselbrand

GRATINIERTES BROT

4 Scheiben Schwarzbrot
2 EL Crème fraîche
50 g Gruyère
1 Prise schwarzer Pfeffer

ZUBEREITUNG

SUPPE

Die Zwiebeln schälen und in Ringe schneiden. Olivenöl in einem Topf erhitzen. Zwiebelringe, Thymian und Knoblauch dazugeben und glasig dünsten. Zwiebeln leicht salzen und zuckern. Sobald die Zwiebeln glasig sind, Butter dazugeben.

Danach mit Weißwein ablöschen und verkochen lassen. Mit Gemüsefond aufgießen und für 15–20 Minuten köcheln, bis die Zwiebeln weich sind. Sparsam salzen (da der Gemüsefond bereits salzig ist) und pfeffern. Kirschbrand dazugeben.

BROT

Backofen auf 200 °C Heißluft vorheizen. Die Brotscheiben mit Crème fraîche bestreichen und mit geriebenem Käse bedecken. Im Ofen für einige Minuten überbacken, bis der Käse geschmolzen ist. Danach pfeffern.

SERVIEREN

Vor dem Servieren Knoblauch und Thymian entfernen. Heiße Suppe in einen Suppenteller gießen, Brot daraufgeben.

AZ: 15 MIN | ZZ: 30 MIN

JULIANS KÜRBISSUPPE

Asiatische Cremesuppe

ZUTATEN

1 kleiner Kürbis | 500 g
ca. 400 g Karotten
5 cm Ingwer | 30 g
1 cm frische Kurkuma | 3 g
1 Frühlingszwiebel | 50 g
1 kleine Chili
1 Knoblauchzehe
3 EL Kokosöl
500 ml Gemüsefond [→ Seite 45]
400 ml Kokosmilch
5 Blätter Thai-Basilikum
1 Kaffir-Limettenblatt
2 EL Kokosöl

1 Prise Fleur de Sel
1 Prise schwarzer Pfeffer
1 EL Sojasauce
1 EL Limettensaft

frischer Koriander zum Servieren

ZUBEREITUNG

Den Kürbisstrunk abschneiden. Kürbis nach Bedarf schälen. Kürbis aushöhlen und abwiegen. Die gleiche Menge Karotten verwenden. Karotten schälen. Kürbis und Karotten in grobe Stücke schneiden. Ingwer und Kurkuma schälen. Frühlingszwiebel, Chili, Ingwer, Kurkuma und Knoblauch fein hacken.

Kokosöl in einem Topf erhitzen. Frühlingszwiebel, Ingwer, Chili, Kurkuma und Knoblauch glasig braten. Karotten und Kürbis dazugeben und ohne zu bräunen braten. Mit Gemüsefond und Kokosmilch aufgießen. Einmal aufkochen, Basilikum und Limettenblatt dazugeben. Für 10–15 Minuten auf mittlerer Flamme köcheln. Gemüse mit einer Nadel anstechen. Wenn es leicht herunterrutscht, ist es weich.

Limettenblatt und Basilikum entfernen. Kokosöl zufügen, damit die Suppe schön cremig wird. Mit einem Stabmixer pürieren.

Mit Salz, Pfeffer, Sojasauce und Limettensaft würzen. Servieren mit etwas Koriander.

TIPPS

Statt frischer Kurkuma können auch 2 TL Kurkumapulver verwendet werden.

Ich empfehle Hokkaido-Kürbis für dieses Gericht wegen der schönen Farbe und weil er nicht geschält werden muss.

Statt dem Kaffir-Limettenblatt einfach etwas Limettenschale verwenden.

Thai-Basilikum durch normales Basilikum ersetzen und 1 Sternanis mitkochen.

Asiatische Cremesuppe

ZZ: 15 MIN

SICHUAN BEANS

Scharfe chinesische Fisolen

ZUTATEN

600 g grüne Fisolen

4 cm Ingwer | 20 g

1 Knoblauchzehe

4–6 frische Chilis*

1 Frühlingszwiebel

1 l Gemüsefond [→ Seite 45]

6 EL Öl (Maiskeim- oder neutrales Sesamöl)

2–3 EL Sojasauce

3 EL Zucker

2 TL heller Essig (Reis- oder Apfelessig)

1 Prise schwarzer Pfeffer

ZUBEREITUNG

Bei den Fisolen die Enden wegschneiden. Ingwer, Knoblauch, Chilis und Frühlingszwiebel fein hacken.

Gemüsefond in einem Topf erwärmen.

Öl in einer Pfanne erhitzen. Fisolen, Ingwer, Knoblauch, Chilis und Frühlingszwiebel anbraten. Wenn die Fisolen etwas gebräunt sind, mit etwas Gemüsefond bedecken. Auf höchster Flamme kochen, bis sie gar sind. Die Fisolen immer mit Gemüsefond bedeckt halten und dementsprechend nachgießen. Zum Schluss soll kein Gemüsefond mehr in der Pfanne sein.

Sojasauce, Zucker und Essig dazugeben. Bohnen scharf anbraten, bis sie leicht gebräunt sind. Pfeffern und servieren.

TIPPS

* Je nach persönlichem Schärfeempfinden und Schärfe der Chilis mehr oder weniger verwenden. Wer es weniger scharf mag, kann die Samen aus den Chilis entfernen oder scharfe Pfefferoni verwenden.

Für einen authentischen chinesischen Geschmack weniger Chilis verwenden und 1 TL Sichuan-Pfeffer dazugeben.

Scharfe chinesische Fisolen

Mit Avocado und Mango

AZ: 30 MIN | ZZ: 50 MIN

CALIFORNIA SUSHI

Mit Avocado und Mango

ZUTATEN

REIS

500 g Sushireis
500 ml Wasser

REIS-MARINADE

120 ml Reisessig
3 EL Mirin
2 EL Fleur de Sel
3 EL Zucker

WASABI-MAYONNAISE

1 TL Ingwer
1/2 Chilischote
4 EL Mayonnaise [→ Seite 47]
2 TL Wasabipaste
Zesten von 1/2 Zitrone
2 TL Zitronensaft

FÜLLUNG

3 Shiitake-Pilze | 50 g
ein paar Tropfen Sojasauce
1 Karotte | 100 g
1 Mini-Gurke | 50 g
1 rote Paprika | 200 g
1 Avocado, nicht zu weich | 150 g
1 Mango | 400 g
Sojasauce
4 Noriblätter

ZUBEREITUNG

REIS

Den Reis unter fließendem Wasser waschen, bis die Stärke ausgewaschen ist und das Wasser klar ist. Abtropfen lassen. Den Reis in einen Topf geben, Wasser dazugeben und zum Kochen bringen. Wenn das Wasser kocht, die Hitze reduzieren und mit Deckel auf kleiner Flamme für ca. 20 Minuten kochen. Während dem Kochen den Deckel nicht öffnen.

MARINADE

In einen Topf Essig, Mirin, Salz und Zucker geben und zum Kochen bringen, bis sich der Zucker aufgelöst hat. Vom Herd nehmen.

Den gekochten Reis in eine flache Schale umfüllen und mit der Marinade übergießen. Mit einer Spachtel die Marinade gut in den Reis einarbeiten. Den Reis abkühlen lassen und lauwarm verwenden.

WASABI-MAYONNAISE

Ingwer reiben, Chili fein hacken. In einer Schüssel mit der Mayonnaise verrühren.

SUSHI ROLLEN

Shiitake in dünne Scheiben schneiden und mit Sojasauce beträufeln. Karotte und Gurke schälen. Paprika, Gurke und Karotte in längliche Streifen [→ Julienne-Schnitt, Seite 22] schneiden. Karotten für 2 Minuten kochen, danach mit kaltem Wasser abschrecken. Avocado entkernen. Wenn die Mango weich ist, Mango aufschneiden und mit dem Löffel das Fruchtfleisch sorgfältig herauslöffeln. Eine harte Mango mit dem Sparschäler schälen. Fruchtfleisch neben dem Kern wegschneiden.

ZUM SERVIEREN

frischer Koriander

Frühlingszwiebel

Chili dünne Scheiben

Zesten von 1 Zitrone

Sesam zum Bestreuen

Die Mango und die Avocado in dünne längliche Streifen schneiden. [→ Julienne-Schnitt sowie Mango und Avocado verarbeiten, Seite 22 und 28]

Gemüse, Pilze und Obst salzen und pfeffern.

Eine Sushimatte mit Frischhaltefolie bedecken. Die Frischhaltefolie 5 mm dick mit mariniertem Reis belegen ①, auf der oberen Seite 1 cm freilassen ②. Auf den Reis ein Noriblatt legen ③. Gemüse auf die Unterseite legen ④. Die Rolle von unten nach oben mit etwas Druck fest einrollen ⑤–⑥.

Mit Sesam bestreuen ⑤–⑧.

Sushi mit einem scharfen, feuchten Messer in 2 cm dünne Scheiben schneiden.

Koriander zupfen, Frühlingszwiebel und Chili in dünne Scheiben schneiden. Sushi mit Koriander, Frühlingszwiebel, Chili, Zitronenzesten und Wasabi-Mayonnaise servieren.

TIPPS

Mirin ist ein japanischer Reiswein mit wenig Alkohol und einem hohen Zuckergehalt. Als Ersatz eignet sich ein trockener Weißwein oder Sherry mit 1 TL Zucker.

Statt Sushireis kann auch Risottoreis verwendet werden.

Sushi lässt sich am besten als ganze Rolle aufbewahren. Erst vor dem Servieren in Scheiben schneiden.

Jede Gemüsesorte kann als Füllung verwendet werden. Harte Gemüsesorten wie Kürbis oder Kartoffeln müssen vorher bissfest gekocht werden.

1

2

3

4

5

6

7

8

Frittierter indischer Karfiol

AZ: 15 MIN | ZZ: 25 MIN

GOBI MANCHURIAN

Frittierter indischer Karfiol

ZUTATEN

1 EL grobes Meersalz
1 mittelgroßer Karfiol | 800 g

1 l Öl zum Frittieren

SAUCE

6 cm Ingwer | 40 g
2 Knoblauchzehen
2 Chilis
2 Frühlingszwiebeln | 100 g
4 EL Öl
4 EL Sojasauce
150 ml Ketchup
150 ml Wasser
1 Prise Fleur de Sel
1 Prise schwarzer Pfeffer

PANADE

120 g Weizenmehl
4 EL Maisstärke | 40 g
1 TL Fleur de Sel
180 ml kaltes Wasser

ZUM SERVIEREN

frischer Koriander
1 Frühlingszwiebel | 50 g

ZUBEREITUNG

Einen Topf, der groß genug für den Karfiol ist, zu drei Vierteln mit Wasser füllen und zum Kochen bringen. Wasser salzen. Blätter entfernen. Den Karfiol mit geschlossenem Deckel für 10 Minuten auf mittlerer Hitze kochen, danach abseihen. Den Karfiol in Röschen teilen, diese sollen nicht zu klein sein.

Für die Sauce Ingwer schälen. Zusammen mit Knoblauch, Chili und Frühlingszwiebeln fein hacken. Eine Pfanne mit Öl erhitzen. Knoblauch, Chili, Frühlingszwiebeln und Ingwer glasig braten. Danach Sojasauce, Ketchup und Wasser dazugeben und einige Minuten köcheln lassen. Salzen und pfeffern.

Einen Topf mit Öl erhitzen. Mehl und Maisstärke sieben. Salzen und mit Wasser mischen, nicht zu viel umrühren. Die Panade soll eher flüssig sein. Die Röschen eintauchen und sofort ins heiße Öl geben. Frittieren, bis sie leicht gebräunt sind. Danach auf Küchenpapier abtropfen lassen, in Sauce tauchen, mit Koriander und klein geschnittenen Frühlingszwiebeln bestreuen und sofort servieren.

Mmh

BROT & AUFSTRICHE

Der Duft von frisch gebackenem Brot
ist einfach unwiderstehlich.

AZ: 30 MIN | ZZ: 6 H

BIRNE-WALNUSS-BAUERNBROT

Dunkles Roggenbrot

ZUTATEN

BROTTEIG

600 ml Wasser

900 g Roggenmehl

40 g frische Germ

20 g Fleur de Sel | 2 1/2 EL

15 g Honig | 1 EL

5 g Brotgewürz | 1 EL

3 Birnen | 300 g

100 g Walnüsse, grob gehackt

Mehl zum Bestreuen

ZUBEREITUNG

Wasser und Mehl vermischen. 30 Minuten stehen lassen. Restliche Zutaten dazugeben und 10 Minuten kneten. Teig abschmecken und eventuell nachsalzen. Der Teig ist eher fest, klebrig und wenig elastisch. Teig in eine Schüssel geben und mindestens 4 Stunden aufgehen lassen. Dazwischen mehrmals kneten.

BROT BACKEN

Einen gusseisernen Topf mit Deckel in den Backofen 45 Minuten bei 250 °C Heißluft aufheizen. Birnen in Scheiben schneiden, zusammen mit Nüssen in den Brotteig einkneten. Birnen sollen nicht aus dem Brot herausstehen. Aus dem Teig einen großen Laib formen und aufgehen lassen, während der Topf aufheizt.

Heißen Topf aus dem Ofen nehmen, den Topfboden mit reichlich Mehl bestreuen, den Laib in den Topf geben, mit einem scharfen Messer auf der Oberseite einschneiden.

Das Brot mit Deckel 15 Minuten backen. Danach Temperatur auf 220 °C reduzieren und 15 Minuten backen. Topf aus dem Ofen nehmen. Das Brot aus dem heißen Topf stürzen und 30–40 Minuten bei 200 °C ohne Topf weiterbacken.

BROT TESTEN

Auf der Unterseite anklopfen. Wenn es hohl klingt, ist es fertig. Oder mit einer Stricknadel oder Holzspieß an der dicksten Stelle ins Brot stechen, diese sollen ohne Teigreste herauskommen.

Brot auskühlen lassen, erst kalt schneiden. Überschüssiges Mehl von der Unterseite entfernen.

TIPPS

Brotgewürz ist eine Mischung aus Kümmel, Anis, Fenchel und Koriander. Ich kaufe immer das grobe Gewürz und mörsere es frisch.

Für ein geschmackvolleres Brot länger gehen lassen oder im Kühlschrank 1 bis 2 Tage reifen lassen.

Statt eines gusseisernen Topfs kann auch ein Römertopf zum Backen verwendet werden.

Französisches „Sauerteigbrot"

AZ: 5 MIN | ZZ: 15 MIN

PAIN DE CAMPAGNE

Französisches „Sauerteigbrot"

ZUTATEN

POOLISH

200 g Weizenmehl*
200 ml Wasser
3 g Germ

BROTTEIG

Poolish (von oben)
325 g Weizenmehl*
50 g Weizenvollkornmehl
200–250 ml Wasser
5 g Germ
5 g Kristallzucker | 1 1/2 TL
15 g Fleur de Sel | 2 EL

Mehl zum Bestreuen

ZUBEREITUNG

Für das Poolish** alle Zutaten vermischen. Für 2 Stunden bei Raumtemperatur stehen lassen, danach für mindestens 16 Stunden in den Kühlschrank stellen.

Für den Brotteig, Poolish zusammen mit Weizenmehl, Wasser und Weizenvollkornmehl kurz vermischen und 20 Minuten stehen lassen. Danach 5 g Germ, Zucker, Salz dazugeben und den Teig für 10 Minuten kneten. Den Teig für mindestens 3 Stunden gehen lassen. Dazwischen mehrmals kneten.

Backofen auf 250 °C Heißluft vorheizen. Einen gusseisernen Topf mit Deckel in den Backofen stellen und 45 Minuten aufheizen.

Aus dem Teig einen topfgroßen Laib formen und aufgehen lassen, während der Topf aufheizt.

Heißen Topf aus dem Ofen nehmen, den Topfboden mit reichlich Mehl bestreuen, den Teig in den Topf geben, mit einem scharfen Messer das Brot auf der Oberseite mehrmals einschneiden.

Das Brot mit dem Deckel 30 Minuten backen. Danach die Temperatur auf 220 °C reduzieren und für weitere 10 Minuten backen. Topf aus dem Ofen nehmen. Brot vorsichtig aus dem heißen Topf nehmen und 20–30 Minuten ohne Topf weiterbacken. Für ein helleres Weißbrot das Brot mit Alufolie bedecken.

Um zu testen, ob das Brot fertig gebacken ist, auf der Unterseite anklopfen. Wenn es hohl klingt, ist es fertig.

Brot auskühlen lassen und erst kalt schneiden. Überschüssiges Mehl von der Unterseite entfernen.

TIPPS

Für eine weniger ausgeprägte Kruste die Backtemperatur nach 15 Minuten auf 220 °C reduzieren, früher aus dem Topf nehmen und bei 200 °C fertig backen.

Das Weizenvollkornmehl sorgt für mehr Geschmack und eine bessere Textur. Es kann durch normales Mehl ersetzt werden.

Das Brot kann auch ohne Poolish gebacken werden. Die Mehl- und Wassermenge vom Poolish zum Brot geben und insgesamt 25 g Germ verwenden.

1 EL Gerstenmalz macht das Brot noch besser.

* Ideal sind Weizenmehl Type 700 (Österreich) bzw. Type 550 (Deutschland).

** Poolish ist ein Vorteig und dem Sauerteig ähnlich. Durch Poolish bekommt das Brot besonders viel Aroma und nur sehr wenig Germ ist notwendig.

AZ: 15 MIN | ZZ: 4 H

PITA-BROT

Orientalisches Fladenbrot

ZUTATEN

Für 10–12 Stück

20 g Germ
250 ml Wasser
1 EL Olivenöl
12 g Zucker | 1 EL
8 g Fleur de Sel | 1 1/2 TL
400 g Weizenmehl*
20 g Weizenvollkornmehl
15 g Gerstenmalz | 1 EL

Wasser zum Bestreichen
2 EL Sesam zum Bestreuen

ZUBEREITUNG

Alle Zutaten zu einem Teig vermischen und für 10 Minuten kneten. Teig abschmecken, er soll leicht süß, aber auch salzig schmecken. Teig abdecken und für mehrere Stunden gehen lassen. Während dem Gehen den Teig noch zweimal kneten.

Danach in 10–12 Teigstücke teilen. Zu Kugeln formen und dünn ausrollen, ca. 5 mm. Die Teigstücke 45 Minuten aufgehen lassen. Anschließend nochmals platt drücken. Mit Wasser bestreichen und mit Sesam bestreuen.

IN DER PFANNE

Eine Pfanne ohne Öl erhitzen, bis sie sehr heiß ist. Die Pitas hineingeben und auf hoher Hitze „backen", bis der Teig Blasen schlägt. Danach umdrehen und fertig backen. Je nach Pfannengröße die Pitas einzeln oder mehrere gleichzeitig backen. Die Pitas so lange backen, sie gut gebräunt sind. Nicht zu lange, die Pitas sollen weich bleiben und nicht hart werden.

IM BACKOFEN

Ofen auf 180 °C Heißluft vorheizen. Ein tiefes Backblech in der untersten Schiene einschieben und mitheizen. Pitas auf ein separates Blech geben und in den Ofen schieben. Beim Einschieben auf das unterste Blech 250 ml kaltes Wasser gießen und Ofen sofort schließen. Pitas 10–15 Minuten backen.

Pitas aus dem Ofen nehmen, Backofen auf 250 °C Grill vorheizen. Pitas noch einmal in die oberste Schiene schieben und 1–2 Minuten backen, bis sie gut gebräunt sind.

TIPPS

* Ideal sind Weizenmehl Type 700 (Österreich) bzw. Type 550 (Deutschland).

Am besten eignen sich Gusseisenpfannen. Nur beim Backen in der Pfanne entstehen die für Pita typischen hohlen Taschen zum Füllen.

Statt Gerstenmalz kann man 1 EL Bier und 1 TL Honig verwenden.

Orientalisches Fladenbrot

Kichererbsenaufstrich mit geschmorten Paprika

AZ: 10 MIN | ZZ: 50 MIN

ROASTED-PEPPER-HUMMUS

Kichererbsenaufstrich mit geschmorten Paprika

ZUTATEN

1 rote Spitzpaprika | 100 g
2 EL Olivenöl
1 Prise Fleur de Sel
1 Knoblauchzehe
3 Zweige Thymian

500 g gekochte Kichererbsen
1/2 Knoblauchzehe
1 Chili
100 ml Olivenöl
100–150 ml Wasser
1 EL Paprikapulver
1 TL Zucker
5 EL Tahini

2 TL Fleur de Sel
1 Prise schwarzer Pfeffer

Sesam zum Bestreuen
Olivenöl zum Servieren

ZUBEREITUNG

Kichererbsen kochen [→ Seite 36].

Backofen auf 200 °C vorheizen. Die Paprika halbieren und entkernen. Mit Olivenöl beträufeln und salzen. Eine Ofenform vorbereiten. Paprika mit Knoblauch und Thymian für 30–40 Minuten rösten, bis die Paprika gut gebräunt ist. Knoblauchzehe und Thymian entfernen.

Eine Küchenmaschine mit S-Klinge vorbereiten. 3 EL Kichererbsen zur Seite geben. Die Maschine einschalten und in die rotierende Klinge die halbe Knoblauchzehe und die Chili werfen. Danach die geröstete Paprika und alle Zutaten außer Wasser dazugeben und mixen. Das Wasser nach und nach einarbeiten, bis der Hummus cremig ist. Falls der Hummus zu dickflüssig ist, mehr Wasser dazugeben. Salzen und pfeffern. Den Hummus kalt stellen.

Sesam in einer Pfanne ohne Öl auf hoher Hitze rösten, bis ein Röstaroma riechbar ist.

Zum Servieren Hummus in einen Suppenteller geben und in der Mitte eine Mulde formen. In die Mulde einige Esslöffel Olivenöl und die restlichen Kichererbsen geben. Mit Sesam bestreuen.

TIPPS

Für mehr Paprikageschmack das Paprikapulver mit etwas Olivenöl in einer Pfanne kurz rösten.

Hummus schmeckt am besten mit frisch gekochten, noch warmen Kichererbsen.

Tahini ist eine Paste aus geröstetem Sesam. Stattdessen kann auch gerösteter Sesam verwendet werden, der Hummus wird aber nicht so cremig.

Eine Küchenmaschine oder ein leistungsfähiger Stabmixer sind ideal für die Zubereitung von Hummus.

Für klassischen Hummus die gebratenen Paprika, Paprikapulver und Zucker weglassen, 3 EL frischen Zitronensaft und etwas mehr Wasser dazugeben.

ZZ: 15 MIN

FRENCH SANDWICH MIT GEBRATENEM ZIEGENKÄSE

Pariser Bistro Food

ZUTATEN

2 Baguettes
4 große Tomaten | 300 g
1/2 TL Fleur de Sel
100 g Rucola
300 g Ziegenkäse im Block
3 EL Olivenöl zum Braten
1 Knoblauchzehe mit Schale
3 Zweige Thymian
4 EL Honig
1 Prise schwarzer Pfeffer

VINAIGRETTE

5 EL Olivenöl
4 EL Rotweinessig
1/2 TL Fleur de Sel
1 Prise schwarzer Pfeffer

ZUM SERVIEREN

Aceto Balsamico

ZUBEREITUNG

Die Baguettes halbieren und der Länge nach durchschneiden. Tomaten in Scheiben schneiden und salzen. Rucola waschen. Den Ziegenkäse der Länge nach halbieren.

Olivenöl in einer Pfanne erhitzen. Den Ziegenkäse mit Knoblauch und Thymian scharf anbraten. Nicht zu lange braten, sonst schmilzt der Käse. Auf jedes Stück Käse 1 EL Honig geben und den Käse damit bedecken. Käse pfeffern.

Für die Vinaigrette Öl und Essig miteinander verrühren. Salzen und pfeffern. Die Vinaigrette über den Rucola gießen.

Auf die Baguettes Tomatenscheiben und den Rucola geben. Den gebratenen Ziegenkäse auf den Salat legen, etwas Aceto Balsamico darüberträufeln. Die andere Baguette-Hälfte auf den Ziegenkäse legen und servieren.

Tomaten-Mascarpone-Aufstrich

AZ: 5 MIN | ZZ: 45 MIN

ITALIENISCHER LIPTAUER

Tomaten-Mascarpone-Aufstrich

ZUTATEN

1/2 Knoblauchzehe
1/2 Chili
3 EL Olivenöl
200 g geschälte Tomaten
1/2 TL Fleur de Sel
1 TL Zucker
1 Prise schwarzer Pfeffer

8 Kirschtomaten | 100 g
1 Handvoll Basilikumblätter
200 g Mascarpone

einige Scheiben Weißbrot

ZUBEREITUNG

Knoblauch und Chili fein hacken. Olivenöl in einem Topf erhitzen. Geschälte Tomaten dazugeben. Salzen, zuckern, pfeffern. Auf mittlerer Hitze ca. 15 Minuten köcheln, bis die meiste Flüssigkeit verdampft ist. Gekochte Tomatensauce in eine Schüssel umfüllen und auskühlen lassen.

Kirschtomaten vierteln, Basilikumblätter grob hacken. Die kalte Tomatensauce mit den Kirschtomaten, Mascarpone und Basilikum vorsichtig verrühren. Abschmecken.

Servieren auf getoastetem Weißbrot.

ZZ: 10 MIN

VERDURE GRIGLIATE

Gegrilltes Gemüse

ZUTATEN

1 Fleischtomate | 400 g
3 rote Paprika | 600 g
1 Melanzani | 250 g
1 TL Fleur de Sel
1 kleine Zucchini | 150 g
5 EL Olivenöl
3 Zweige Thymian
1 Prise schwarzer Pfeffer

Weißbrot zum Servieren
Olivenöl

ZUBEREITUNG

Strunk von der Tomate schneiden. Paprika halbieren und entkernen.

Melanzani in dünne Scheiben schneiden, salzen und 10 Minuten ziehen lassen.

Tomaten und Zucchini in dünne Scheiben schneiden, Paprika in lange Streifen schneiden und Gemüse salzen.

Das Gemüse mit Olivenöl und Thymian einreiben. Auf einen heißen Grill legen oder in der Pfanne scharf braten. Pfeffern.

Servieren auf getoastetem Weißbrot. Einige Tropfen Olivenöl über das Gemüse geben.

TIPP

Statt Fleischtomaten können auch große Rispentomaten gegrillt werden.

Mmh

HAUPT-SPEISEN

Ob Kartoffel, Tomate oder Paprika:
I LOVE VEGGIE.

AZ: 15 MIN | ZZ: 75 MIN

SHAKSHUKA

Israelisches Nationalgericht

ZUTATEN

2 Frühlingszwiebeln | 100 g
2 EL Petersilie
1 Knoblauchzehe
2 kleine Chilis
4 cm Ingwer | 20 g
2 rote Paprika | 400 g
400 g Kirschtomaten
150 ml Olivenöl
2 TL Fleur de Sel
3 EL Kristallzucker
2 TL Paprikapulver edelsüß
2 Dosen geschälte Tomaten | 800 g
6 Nelken
2 Lorbeerblätter
2 Zimtstangen

ZUM SERVIEREN

4 Eier
etwas Petersilie

ZUBEREITUNG

Frühlingszwiebeln, Petersilie, Knoblauch und Chilis fein hacken. Ingwer schälen und fein hacken. Paprika entkernen und in Ringe schneiden. Tomaten vierteln.

Einen großen Schmortopf mit Olivenöl erhitzen. Frühlingszwiebeln als Erstes anbraten. Danach Chili, Petersilie, Knoblauch, Ingwer und Paprika dazugeben und braten, bis die Paprika etwas Farbe haben. Gemüse salzen und mit etwas Zucker bestreuen. Zum Schluss Tomaten und Paprikapulver mitbraten. Mit geschälten Tomaten aufgießen und aufkochen. Nelken, Lorbeerblätter, Zimtstangen und restliche Zuckermenge dazugeben. Die Hitze reduzieren und auf kleiner Flamme für 30 Minuten mit Deckel leicht köcheln. Es darf nicht zu stark blubbern, sonst verkocht die Sauce oder brennt an. Die Sauce ist fertig, wenn sie dicker geworden ist, nicht nach rohen Tomaten schmeckt und sich das Öl absetzt.

Nach 30 Minuten den Deckel entfernen. Die Shakshuka für weitere 15 Minuten köcheln lassen. Sauce abschmecken und Gewürze herausnehmen. Eier in den Topf geben, nicht verrühren. Auf mittlerer Hitze mit Deckel kochen, bis die Eier wachsweich sind.

Fein gehackte Petersilie darüberstreuen und im Topf servieren. Mit Pita-Brot [→ Seite 94] oder anderem Weißbrot essen.

AZ: 15 MIN | ZZ: 60 MIN

ITALIENISCHES RATATOUILLE

Italienisch-französische Gemüsefreundschaft

ZUTATEN

POLENTA FRIES

750 ml Vollmilch
3 Zweige Thymian
1 Knoblauchzehe
1 TL Fleur de Sel
175 g Polenta (Maisgrieß)
2 Eidotter
50 g Parmesan

1 l Öl zum Frittieren (Maiskeim-, Raps- oder Sonnenblumenöl)

RATATOUILLE

1 Zwiebel | 80 g
1 kleine Zucchini | 150 g
4 große Tomaten | 100 g
2 Spitzpaprika | 200 g
2 Pfefferoni | 180 g
100 ml Olivenöl
2 Knoblauchzehen mit Schale
3 Zweige Thymian
2 TL Kristallzucker
1 TL Fleur de Sel
400 g geschälte Tomaten

ZUM SERVIEREN

1 Prise schwarzer Pfeffer
einige Spritzer Weißweinessig
1 Zitrone
etwas Basilikum

ZUBEREITUNG

POLENTA FRIES

Milch in einem Topf mit Thymian und Knoblauchzehe zum Kochen bringen. Salzen. Polenta einstreuen und für 20 Minuten auf kleiner Flamme zugedeckt köcheln lassen. Öfters umrühren, um ein Anbrennen zu vermeiden. Knoblauch und Thymian entfernen. Danach auskühlen lassen. Kalte Polenta mit Eidotter und Parmesan verkneten. Aus dem Teig ein 1 cm dickes Rechteck formen und zu Pommes schneiden. Die Polenta Fries in heißem Öl frittieren.

RATATOUILLE

Backofen auf 180 °C Heißluft vorheizen. Zwiebel schälen und in Ringe schneiden. Zucchini halbieren und in dünne Scheiben schneiden. Tomaten in 1 cm dicke Scheiben schneiden. Paprika halbieren, entkernen und in 5 mm dicke Scheiben schneiden. Pfefferoni in dünne Scheiben schneiden.

Olivenöl, Knoblauch und Thymian in einem großen Schmortopf erhitzen. Zuerst Zwiebel glasig dünsten. Danach Paprika und Pfefferoni dazugeben und braten. Zum Schluss Tomaten und Zucchini mitbraten. Das Gemüse soll leicht gebräunt sein. Gemüse salzen und zuckern. Geschälte Tomaten über das Gemüse gießen und aufkochen.

Schmortopf in den Ofen geben und ca. 30 Minuten schmoren, bis das Gemüse weich und die meiste Flüssigkeit verdampft ist. Ratatouille aus dem Ofen nehmen. Pfeffern, einige Tropfen Essig darüberträufeln und Zitronenzesten darüberreiben.

Basilikum zupfen und Blätter darüberstreuen.

Ratatouille mit frisch frittierten Polenta Fries servieren.

Italienisch-französische Gemüsefreundschaft

AZ: 15 MIN | ZZ: 45 MIN

NIDEI

Gebratene Kartoffelnudeln aus Salzburg

ZUTATEN

SOUR-CREAM-DIP

200 g Sauerrahm

100 g griechisches Joghurt

1/2 Bund Schnittlauch

1/4 Bund Petersilie

Zesten von 1/2 Zitrone

1 EL Zitronensaft

1 TL Fleur de Sel

1 Prise schwarzer Pfeffer

KARTOFFELTEIG

400 g mehlige Kartoffeln

3 Zweige Thymian

1 Knoblauchzehe mit Schale

150 g Weizenmehl

2 Eidotter

30 g Butter

1 Prise Muskatnuss

1 TL Fleur de Sel

Öl zum Braten (Maiskeim-, Raps- oder Sonnenblumenöl)

ZUBEREITUNG

SOUR-CREAM-DIP

In einer Schüssel Sauerrahm und Joghurt mit einem Schneebesen cremig rühren. Kräuter fein hacken, Zitronenzesten abreiben, Zitronensaft auspressen und zum Sauerrahm geben. Salzen und pfeffern.

KARTOFFELTEIG

Kartoffeln mit Schale, Thymian und Knoblauchzehe in einen Topf mit kaltem Wasser geben und zum Kochen bringen. Je nach Größe 20–30 Minuten sehr weich kochen. Zum Überprüfen, ob die Kartoffeln gar sind, mit einer Gabel anstechen. Wenn sie sich leicht lösen, sind sie durch.

In der Zwischenzeit eine Schüssel vorbereiten. Mehl, Eidotter, Butter, Muskatnuss und Salz in die Schüssel geben. Kartoffelpresse bereitstellen.

Wenn die Kartoffeln durch sind, mit kaltem Wasser kurz abschrecken und mit einem Messer schälen. Kochwasser, Knoblauchzehe und Thymian weggeben.

Die Kartoffeln durch die Kartoffelpresse in die Schüssel drücken. Alle Zutaten zu einem Teig verarbeiten. Teig abschmecken und zu einer langen Rolle formen. In kleine, 2 cm große Stücke schneiden. Zu Kugeln formen und mit der Hand flachdrücken.

Öl in einer Pfanne erhitzen. Die Nidei anbraten, bis sie gut gebräunt sind. Einzeln mit der Gabel wenden und auf der anderen Seite fertig braten. Auf einem Blatt Küchenpapier abtropfen lassen, mit Sour-Cream-Dip servieren.

TIPPS

Der Kartoffelteig gelingt besser mit griffigem Mehl.

Die fertig geformten Nidei können gut eingefroren werden.

Gebratene Kartoffelnudeln aus Salzburg

Mangold

Kipfler &
Laura

AZ: 15 MIN | ZZ: 45 MIN

GNOCCHI MIT BUTTER UND SALBEI

Italienische Kartoffelnudeln

ZUTATEN

500 g mehlige Kartoffeln
3 Zweige Thymian
1 ganze Knoblauchzehe mit Schale

100 g Weizenmehl
1 kleines Ei
1 Prise Muskatnuss
1 ½ TL Fleur de Sel

SALBEIBUTTER

200 g Butter
6 Blätter Salbei
1 Prise Fleur de Sel
1 Prise schwarzer Pfeffer

50 g Parmesan

ZUBEREITUNG

Kartoffeln mit Schale, Thymian und Knoblauchzehe in einen Topf mit kaltem Wasser geben und zum Kochen bringen. Kartoffeln je nach Größe 20–30 Minuten sehr weich kochen. Zum Überprüfen, ob die Kartoffeln gar sind, mit einer Gabel anstechen. Wenn sie sich leicht lösen, sind sie durch.

In der Zwischenzeit eine Schüssel vorbereiten. Mehl, Ei, Muskatnuss und Salz in die Schüssel geben. Kartoffelpresse bereitstellen.

Wenn die Kartoffeln durch sind, mit kaltem Wasser kurz abschrecken und mit einem Messer schälen. Kochwasser, Knoblauchzehe und Thymian weggeben.

Die Kartoffeln durch die Kartoffelpresse in die Schüssel drücken. Alle Zutaten zu einem Teig verarbeiten. Teig abschmecken und zu einer langen Rolle formen. In kleine, 1 cm große Stücke schneiden. Zu Kugeln formen.

Drei Methoden, um Gnocchi zu formen

1. Die Kugeln sanft über ein Gnocchibrett rollen.
2. Mit einer Gabel von oben sanft auf die Kugeln drücken.
3. Die Kugel auf eine Tischkante legen, mit einer Gabel die Kugel über die Kante rollen, danach die unteren Enden zusammendrücken.

SALBEIBUTTER

Butter in einer Pfanne mit Salbei schmelzen. Butter nicht aufkochen, 10 Minuten ziehen lassen. Salzen und pfeffern.

GNOCCHI KOCHEN

Einen Topf mit Wasser zum Kochen bringen. Wasser salzen. Gnocchi im sprudelnd kochenden Wasser für 1–2 Minuten kochen, bis sie an der Oberfläche schwimmen.

Gnocchi abseihen. In eine Schüssel geben und sofort mit warmer Butter übergießen. Mit Parmesan bestreuen.

Ein Rezept von meiner Feldbacher Oma

ZZ: 20 MIN

KARTOFFELSCHNITZEL

Ein Rezept von meiner Feldbacher Oma

ZUTATEN

COCKTAILSAUCE

1 Portion klassische Mayonnaise [→ Seite 47]

1 TL Estragonsenf

Zesten von 1/4 Zitrone

1 TL Zitronensaft

1 TL Cognac

2 EL Ketchup

1 Prise Fleur de Sel

1 Prise schwarzer Pfeffer

KARTOFFELSCHNITZEL

1 kg mehlige Kartoffeln

1 TL Fleur de Sel

150 g Weizenmehl

150 g Semmelbrösel

4 Eier

250 ml Öl zum Braten (Maiskeim-, Raps- oder Sonnenblumenöl)

ZUBEREITUNG

COCKTAILSAUCE

Alle Zutaten mit der Mayonnaise verrühren. Salzen und pfeffern.

KARTOFFELSCHNITZEL

Die rohen Kartoffeln schälen und in 5 mm dicke Scheiben schneiden. Kartoffeln auf beiden Seiten salzen.

Zwei flache Teller und einen Suppenteller vorbereiten. In die flachen Teller jeweils Mehl und Semmelbrösel geben. Die Eier in den Suppenteller geben und verquirlen.

Die Kartoffelscheiben zuerst in Mehl wälzen, danach durch die Eier ziehen und zum Schluss mit Semmelbröseln panieren.

Öl in einer großen Pfanne erhitzen. Die Schnitzel herausbacken, bis sie goldbraun sind. Auf einem Teller mit Küchenpapier abtropfen lassen. Mit Cocktailsauce servieren.

AZ: 30 MIN | ZZ: 60 MIN

TEL-AVIV-PITA MIT FALAFEL UND HUMMUS

Soul Food aus Israel

ZUTATEN

SCHARFE TOMATENSAUCE

3 Tomaten | 300 g
2 EL Petersilie
1 Knoblauchzehe
1 Chili
3 EL Olivenöl
400 g geschälte Tomaten
2 TL Zucker
1 TL Fleur de Sel
1 Prise schwarzer Pfeffer

FALAFEL

1 Frühlingszwiebel | 50 g
1 Knoblauchzehe
1/2 Bund Petersilie | 25 g
1 TL Kreuzkümmel
1 TL Koriander
400 g gekochte Kichererbsen
2 EL Mehl
1 EL Semmelbrösel
1 Prise Fleur de Sel

1 l Öl zum Frittieren (Maiskeim-, Sonnenblumen- oder Rapsöl)

ZUBEREITUNG

SCHARFE TOMATENSAUCE

Tomaten grob hacken. Petersilie, Knoblauch und Chili fein hacken. Olivenöl in einem Topf erhitzen. Petersilie, Knoblauch und Chili glasig dünsten. Gehackte Tomaten kurz anbraten. Geschälte Tomaten dazugeben, einmal aufkochen und 30 Minuten köcheln, bis die meiste Flüssigkeit verdampft ist ①. Zuckern, salzen und pfeffern.

FALAFEL

Kichererbsen kochen [→ Seite 36]. Gekochte Kichererbsen mit einem Kartoffelstampfer zerdrücken.

Frühlingszwiebel, Knoblauch und Petersilie fein hacken. Kreuzkümmel und Koriander in einer Pfanne ohne Öl auf hoher Hitze rösten, bis ein Röstaroma riechbar ist ②–③.

In einer Schüssel alle Zutaten vermischen ④. Die Masse soll grob und leicht stückelig sein. 30 Minuten kühlen.

Einen Topf mit Öl erhitzen. Aus der Masse mit einem Teelöffel kleine Kugeln formen ⑤. Die Falafel bei ca. 170 °C goldbraun frittieren ⑥–⑦. Danach auf Küchenpapier abtropfen lassen.

[→ weiter geht's auf der nächsten Seite]

1

2

3

4

5

6

7

8

HUMMUS

Klassischer Hummus
[→ Seite 97]

ZUM SERVIEREN

8 Pita-Brote [→ Seite 94]

8 Salatblätter

FERTIGSTELLEN

Die Pita im Backofen bei 50 °C Heißluft erwärmen. Pita einschneiden, mit Hummus, Falafel und scharfer Tomatensauce füllen ⑧–⑨. Heiß servieren.

TIPPS

Am besten ganze Gewürze (Koriander und Kreuzkümmel) verwenden und anrösten. Die Gewürze nach dem Rösten frisch mörsern.

Schmeckt auch sehr gut mit Sauerrahm und Koriander-Pesto [→ Seite 143].

AZ: 20 MIN | ZZ: 45 MIN

SCHWAMMERLGULASCH

Rustikales Gericht für kalte Tage

ZUTATEN

SCHWAMMERLGULASCH

1 kleine Zwiebel | 50 g
1/4 Bund Petersilie | 15 g
400 g Champignons
etwas Weizenmehl
3 EL Olivenöl
1 Knoblauchzehe mit Schale
3 Zweige Thymian
30 g Butter
1 TL Fleur de Sel
1 TL Zucker
2 TL Paprikapulver edelsüß
1/8 l Weißwein
250 ml Gemüsefond [→ Seite 45]
250 ml Schlagobers
1 Prise schwarzer Pfeffer
etwas Petersilie

SEMMELKNÖDEL

250 g Knödelbrot
250 ml Milch
100 g Zwiebel
15 g Petersilie
50 g Butter
1 Knoblauchzehe mit Schale
1 Prise Zucker
3 große Eier
1 TL Fleur de Sel
etwas Olivenöl
1 EL Fleur de Sel

ZUBEREITUNG

SCHWAMMERLGULASCH

Zwiebel und Petersilie fein hacken. Champignons in dünne Scheiben schneiden und etwas bemehlen.

Olivenöl in einer Pfanne erhitzen, Knoblauch und Thymian dazugeben, Zwiebel und Petersilie glasig anbraten. Champignons und Butter dazugeben. Salzen, zuckern und Paprikapulver darüberstreuen. Mit Weißwein ablöschen und verdunsten lassen.

Mit Gemüsefond aufgießen und 10–15 Minuten auf mittlerer Flamme köcheln.

Schlagobers dazugeben. Pfeffern. Mit gehackter frischer Petersilie bestreuen.

SEMMELKNÖDEL

Knödelbrot mit warmer Milch übergießen. Das Knödelbrot soll weich sein, aber nicht breiartig. Nach Bedarf Milch oder Knödelbrot dazugeben.

Zwiebel und Petersilie hacken. In einer Pfanne Butter schmelzen. Zwiebel, Petersilie mit Knoblauch glasig anbraten. Zwiebel zuckern. Knoblauchzehe nach dem Braten entfernen. Zum Knödelbrot geben. Eier dazugeben und zu einem Teig verarbeiten. Teig salzen.

Teig 10 Minuten ziehen lassen. Knödel formen. Die Knödel mit Olivenöl beträufeln. In Alufolie einwickeln. Wasser in einem großen Topf zum Kochen bringen, salzen. Knödel dazugeben und auf kleiner Flamme je nach Größe zwischen 15 und 20 Minuten köcheln lassen. Knödel abseihen.

Schwammerlgulasch leicht wärmen. Mit heißen Knödeln servieren.

TIPP

Das Schwammerlgulasch schmeckt auch besonders gut mit Eierschwammerl oder Steinpilzen.

Wenn der Teig zu feucht ist, Semmelbrösel unterheben. Salzen und pfeffern.

Rustikales Gericht für kalte Tage

Scharfer asiatischer Eintopf mit Kokos

AZ: 30 MIN | ZZ: 15 MIN

THAI-CURRY

Scharfer asiatischer Eintopf mit Kokos

ZUTATEN

CURRYPASTE

Für 12 Portionen | 270 g

2 Kurkumaknollen | 20 g
3 Galgantwurzeln | 100 g
12 Knoblauchzehen
16 cm Ingwer | 50 g
5 Stk. Zitronengras
Zesten von 1 Limette
1 Bund Korianderwurzel | 20 g
4 Frühlingszwiebeln | 200 g
5 Kaffir-Limettenblätter
12 kleine Chilischoten
2 EL weiße Pfefferkörner
1 TL Koriandersamen
2 TL Fleur de Sel

CURRY

Für 4 Portionen

500 g Gemüse nach Belieben
(z.B. 1 rote Paprika, 2 Karotten, 4 Champignons, 100 g Brokkoli, restlicher Frühlingszwiebel)
4 EL Kokosöl | 50 g
8–10 EL Currypaste | 60–90 g
300 ml Gemüsefond [→ Seite 45]
400 ml Kokosmilch

ZUBEREITUNG

CURRYPASTE

Kurkuma, Galgant, Knoblauch und Ingwer schälen. Die äußerste Schicht vom Zitronengras entfernen. Strunk abschneiden. Limettenzesten abreiben. Kurkuma und Ingwer fein reiben. Von den Frühlingszwiebeln nur den weißen unteren Teil verwenden (ansonsten bekommt das Curry eine giftgrüne Farbe). Korianderwurzel, Knoblauch, Frühlingszwiebeln, Limettenblätter und Chilis fein hacken.

Pfefferkörner und Koriandersamen im Mörser zerstoßen. Aus dem Mörser geben.

Chilis mit einer Prise Salz mörsern. Restliche Zutaten nach und nach zugeben. Zum Schluss gemahlenen Pfeffer und Koriander dazugeben.

Alle Zutaten für 15–20 Minuten sorgfältig zermörsern, bis eine homogene Paste entsteht. Die Currypaste ist im Kühlschrank einige Wochen lagerbar oder sehr gut geeignet zum Tiefkühlen.

CURRY

Gemüse in grobe Stücke schneiden. Kokosöl in einem Topf erhitzen. Gemüse anbraten. Currypaste dazugeben und mitbraten. Je mehr Currypaste verwendet wird, desto aromatischer und schärfer wird das Curry.

Mit Gemüsefond und Kokosmilch aufgießen und kochen, bis das Gemüse weich ist, zirka 10–15 Minuten.

Zum Schluss Sojasauce, Zucker und Limettensaft dazugeben. Abschmecken. Mit Thai-Reis servieren.

[→ weiter geht's auf der nächsten Seite]

3 EL Sojasauce
3 EL Rohrzucker | 40 g
2 EL Limettensaft | 30 ml
1 Prise Fleur de Sel
1 Prise schwarzer Pfeffer

ALS BEILAGE

Thai-Reis [→ Seite 35]

TIPPS

Am besten schmeckt die Currypaste natürlich mit frischen Thaizutaten wie Galgant, Korianderwurzel und Kaffir-Limettenblättern. Diese sind in den meisten Asialäden erhältlich.

Im Asialaden gibt es frischen Koriander mit Wurzeln. Die Wurzeln werden ähnlich wie Knollensellerie verwendet und geben einen sehr guten Geschmack. Statt Korianderwurzeln kann auch frischer Koriander verwendet werden.

Wer die Paste ohne Zutaten aus dem Asialaden zubereiten möchte, kann diese auch weglassen und stattdessen fertige Currypaste aus dem Supermarkt dazugeben. Zusätzlich zur fertigen Currypaste gebe ich ein frisches Stück Ingwer, die Zesten einer Limette oder eine Stange Zitronengras ins Curry und koche sie mit.

Die Currypaste kann auch mit dem Stabmixer püriert werden. Allerdings ist diese Paste nicht ganz so fein und es bleiben feine Fasern im Essen. Die Currypaste in einer Pfanne anbraten, mit etwas Kokosmilch aufgießen. Aufkochen, 5 Minuten köcheln lassen und dann durch ein Sieb passieren, um restliche Fasern zu entfernen.

Beim Chili-Schneiden können die Hände ziemlich brennen, wenn man es nicht gewohnt ist. Am besten Einweghandschuhe verwenden.

Achtung, frische Kurkuma färbt stark auf Plastik, Holz und Haut ab. Einweghandschuhe verwenden!

Jede festkochende Gemüsesorte kann für das Curry verwendet werden (Sellerie, Kartoffeln, Brokkoli, Bohnen etc.).

KAFFIR-LIMETTENBLÄTTER
KORIANDER-
WURZEL
LIMETTE
KNOBLAUCH
CHILI
GALGANT
KORIANDER
KURKUMA
PFEFFER
INGWER
ZITRONENGRAS
FRÜHLINGSZWIEBEL

Asiatisches Reisnudelgericht mit Erdnüssen

ZZ: 30 MIN

PAD THAI

Asiatisches Reisnudelgericht mit Erdnüssen

ZUTATEN

EIER

2 Eier
1 Prise Fleur de Sel
1 EL Öl

TOFU

200 g fester Tofu
2 EL Mehl
2 EL Erdnussöl
3 EL Erdnussbutter
3 EL Zucker
1 1/2 EL Sojasauce

1 Frühlingszwiebel | 50 g
1 Knoblauchzehe
1 Chili
2 cm Ingwer | 10 g
1 rote Paprika | 200 g
100 g Reisnudeln
50 g Erdnüsse
2 EL Erdnussöl
200 ml Gemüsefond [→ Seite 45]
1 1/2 EL Tamarindenpaste
5 EL Erdnussbutter
1 EL Rohrzucker
Saft und Zesten von 1 Limette
Pfeffer
1 EL Sojasauce

ZUBEREITUNG

Die Eier in einer Schüssel schaumig rühren und salzen. In einer Pfanne mit Öl wie ein Omelette braten. Danach kalt stellen. Kaltes Omelette in Streifen schneiden.

Tofu in 1 cm dicke Streifen schneiden. Mit Mehl bestauben. In einer Pfanne mit Erdnussöl scharf anbraten. Danach Erdnussbutter und Zucker dazugeben und braten, bis der Zucker karamellisiert. Mit Sojasauce ablöschen.

Frühlingszwiebel, Knoblauch, Chili und Ingwer fein hacken. Paprika in dünne Streifen schneiden.

Reisnudeln mit heißem Wasser übergießen und stehen lassen. Erdnüsse in einer Pfanne rösten und grob hacken.

Öl in einer großen Pfanne erhitzen. Zwiebel, Knoblauch, Chili, Ingwer und Paprika glasig braten. Mit Gemüsefond ablöschen. Tamarinde, Erdnussbutter, Zucker, Limettenzesten und Limettensaft dazugeben und einkochen lassen. Zum Schluss Nudeln, Ei und Tofu dazugeben, vorsichtig umrühren und erhitzen. Pfeffern und Sojasauce zugeben. Abschmecken. Das Pad Thai sollte leicht süßlich, nach Erdnüssen und ein bisschen säuerlich nach Tamarinde schmecken.

Limetten halbieren. Servieren mit Bohnensprossen, Koriander und einer Limettenhälfte.

Gehackte Erdnüsse darüberstreuen.

[→ weiter geht's auf der nächsten Seite]

ZUM SERVIEREN

2 Limetten

50 g Sojabohnensprossen

frischer Koriander

TIPPS

Tamarinden sind eine süß-saure Dattelart aus Südostasien und der charakteristische Geschmack von Pad Thai. Als Ersatz eignen sich Zutaten, die ebenfalls süß und sauer sind, z.B. eine zerdrückte Dattel mit etwas Limettensaft oder Essig.
Statt Reisnudeln können auch normale Bandnudeln verwendet werden.

AZ: 15 MIN | ZZ: 50 MIN

PEPERONE RIPIENO

Gefüllte Paprika auf Italienisch

ZUTATEN

REIS

1 Schalotte | 30 g

200 g Basmatireis

1 EL Olivenöl

1 Lorbeerblatt

3 Zweige Thymian

2 Nelken

1/2 TL Fleur de Sel

GEMÜSEFÜLLUNG

1 große Karotte | 100 g

350 g Champignons

1 Zwiebel

2 Stangen Sellerie | 100 g

1 Knoblauchzehe

1/4 Bund Petersilie | 15 g

2 EL Olivenöl

50 g Butter

1 Prise Fleur de Sel

1 Ei

150 g gekochte Maroni

100 g Parmesan

ZUBEREITUNG

Schalotte schälen. Für den Reis in einem Topf Schalotte und Reis in Olivenöl kurz anbraten, ohne zu bräunen. Mit der doppelten Menge Wasser aufgießen. Aufkochen lassen, Lorbeer, Thymian, Nelken und Salz dazugeben. Für ca. 20 Minuten mit Deckel auf kleiner Flamme köcheln. Danach Thymian, Nelken, Lorbeerblatt und Schalotte entfernen.

Für die Füllung Karotte, Champignons, Zwiebel, Sellerie, Knoblauch und Petersilie fein hacken. Das Gemüse in einer Pfanne mit Olivenöl anbraten. Zum Schluss etwas Butter dazugeben und salzen.

In einer Schüssel den Reis, Gemüse, Ei, zerbröselte Maroni und die halbe Menge Parmesan zu einer kompakten Masse kneten.

Backofen auf 200 °C Heißluft vorheizen.

Von den Paprika einen Deckel abschneiden. Mit einem Löffel die Samen und die Trennwände entfernen. Die Paprika außen mit Butter einreiben und salzen. Die Paprika füllen, Füllung fest andrücken. Mit Deckel verschließen, restlichen Parmesan darüberstreuen.

[→ weiter geht's auf der nächsten Seite]

Gefüllte Paprika auf Italienisch

4 Paprika
etwas Butter
1 Prise Fleur de Sel

Olivenöl zum Einstreichen der Form

SAUCE

1 l Tomatenpassata
1 Knoblauchzehe
3 Zweige Thymian
1 Lorbeerblatt
1 EL Zucker
1 TL Fleur de Sel
1 Prise schwarzer Pfeffer
1 Chili

300 ml Vollmilch

ZUM SERVIEREN

frische Petersilie

Eine Ofenform vorbereiten, mit Olivenöl einstreichen. Tomatenpassata, Knoblauchzehe, Thymian, Lorbeerblatt, Zucker, Salz, Pfeffer, klein gehackte Chili in die Form geben. Mit einem Schneebesen umrühren. Paprika in die Sauce stellen. Für 40 Minuten backen, bis die Paprika weich und leicht gebräunt sind.

Nach dem Backen die Paprika aus der Sauce heben. Die Sauce mit warmer Milch vermischen. Sauce abschmecken. Vor dem Servieren Lorbeerblatt und Thymian entfernen. Frische Petersilie über die Paprika streuen.

TIPPS

Gefüllte Paprika eignen sich hervorragend zum Einfrieren. Wenn die Paprika kalt sind, portionsweise in Gefrierbeutel mit Sauce füllen und einfrieren.

Jede Paprikafarbe, ob rot, grün oder gelb, hat einen individuellen Geschmack.

ZZ: 30 MIN

QUINOA-RISOTTO MIT STEINPILZEN

Italien trifft Südamerika

ZUTATEN

RISOTTO

1 l Gemüsefond [→ Seite 45]
1 kleine Schalotte | 30 g
1 kleine Chili
2 EL Butter
1 EL Olivenöl
1 ganze Knoblauchzehe mit Schale
3 Zweige Thymian
250 g Quinoa
1/8 l Weißwein
1 Messerspitze Safran

GEBRATENE PILZE

100 g Steinpilze
2 EL Butter
3 Zweige Thymian
1 Knoblauchzehe mit Schale
1 Prise Paprika edelsüß
1 1/2 TL Fleur de Sel
1 Prise Zucker
1 Prise schwarzer Pfeffer

1 Prise Muskatnuss
50 g Butter
50 g Parmesan

ZUM SERVIEREN

frisch geriebener Parmesan
einige Tropfen Olivenöl

ZUBEREITUNG

Gemüsefond in einem Topf erhitzen, nicht aufkochen.

Schalotte und Chili fein hacken, in einem Topf mit Butter und Olivenöl, Knoblauch und Thymian mehrere Minuten glasig braten.

Danach Quinoa hinzugeben, kurz anbraten, ohne zu bräunen. Mit Weißwein ablöschen, Safranfäden hinzugeben und Wein verkochen lassen.

Mit heißem Gemüsefond aufgießen, bis der Quinoa bedeckt ist. Unter ständigem Rühren nach und nach Fond zugießen, der Quinoa muss immer bedeckt sein. Den Quinoa laut Packungsanleitung kochen, bis er al dente ist. Zum Schluss soll sich der Fond komplett verkochen.

Die Pilze länglich dünn schneiden. Eine Pfanne mit Butter erhitzen. Die Pilze mit Thymian und Knoblauchzehe braten, bis sie weich und gut gebräunt sind. Mit Paprikapulver bestreuen, salzen, zuckern und pfeffern. Mit etwas Gemüsefond ablöschen.

Risotto vom Herd nehmen. Mit Salz, Pfeffer und frisch geriebener Muskatnuss würzen. Zum Schluss Butter und Parmesan in den Risotto einarbeiten.

Die Knoblauchzehe und die Thymianzweige entfernen. Mit frisch geriebenem Parmesan, den gebratenen Pilzen und ein paar Tropfen Olivenöl servieren.

TIPPS

Das Risotto kann auch mit Reis zubereitet werden.

Statt frischen Steinpilzen können auch Champignons verwendet werden. Um den Steinpilz-Geschmack zu bewahren, können getrocknete Steinpilze mitgekocht werden.

Perfektes Risotto soll cremig sein und beim Servieren seine Form behalten. Wenn sich ein Fettfilm bildet, wurde zu viel Butter verwendet. In diesem Fall das Risotto mit Gemüsefond binden.

Ist das Risotto eher flüssig und gleicht einer Suppe, mehr einkochen oder mit Butter binden.

Flammkuchen mit 4 Käsesorten

AZ: 15 MIN | ZZ: 1 H 30 MIN

TARTE FLAMBÉE AU FROMAGE

Flammkuchen mit 4 Käsesorten

ZUTATEN

TEIG

350 g Weizenmehl
150 ml Wasser
3 EL Olivenöl
1 Prise Zucker
1 1/2 TL Fleur de Sel

BELAG

250 g Mascarpone
250 g Sauerrahm
2 TL Fleur de Sel

250 g Käse*

Schnittlauch zum Garnieren
1 Prise schwarzer Pfeffer

ZUBEREITUNG

Alle Teig-Zutaten zu einem kompakten Teig vermengen. Abschmecken, nach Bedarf nachsalzen. Teig zirka 10 Minuten lang kneten. In Frischhaltefolie einwickeln und 1 Stunde im Kühlschrank ruhen lassen.

Backofen auf 250 °C Heißluft vorheizen. Den Teig portionieren und sehr dünn ausrollen. Mascarpone, Sauerrahm und Salz in einer Schüssel cremig rühren.

Den Teig mit der Mascarpone-Creme großzügig bestreichen. Käse nach Bedarf reiben oder zerreißen. Auf der Mascarpone-Creme verteilen. Je nach Größe den Flammkuchen 8–15 Minuten backen, bis der Rand braun und der Käse geschmolzen ist. Pfeffern.

Flammkuchen heiß servieren. Mit fein gehacktem Schnittlauch bestreuen.

TIPPS

* Der Flammkuchen schmeckt am besten mit 4 unterschiedlichen Käsesorten. Zusätzlich zum Mascarpone ist die Kombination aus einem Hartkäse, einem Weichkäse und einem Schimmelkäse ideal.
Meine Lieblingskombination ist mit Gruyère, Büffelmozzarella und Gorgonzola.

AZ: 10 MIN | ZZ: 20 MIN

PASTA PUTTANESCA

Nudelgericht mit scharf-würziger Tomatensauce

ZUTATEN

2 Chilis

2 Knoblauchzehen

2 EL Petersilie

200 g Kirschtomaten

20 schwarze Oliven, entkernt | 60 g

90 ml Olivenöl

400 g geschälte Tomaten

1 TL Sojasauce

50 ml Portwein

2 TL Kapern

1 TL Fleur de Sel

2 TL Kristallzucker

1 Prise schwarzer Pfeffer

500 g Spaghetti, Linguine oder Tagliatelle

frische Petersilie

ZUBEREITUNG

Chilis, Knoblauch und Petersilie fein hacken. Kirschtomaten vierteln. Jede Olive in 3–4 Scheiben schneiden.

Olivenöl in einem Topf erhitzen. Kirschtomaten, Chilis, Petersilie und Knoblauch dazugeben und leicht anbraten. Mit geschälten Tomaten aufgießen. Sojasauce, Portwein, Oliven, Kapern, Salz und Zucker dazugeben und auf mittlerer Flamme für 10–15 Minuten köcheln, bis die Tomatensauce nicht mehr roh schmeckt. Zum Schluss pfeffern.

Pasta in Salzwasser kochen. Abseihen und in eine Schüssel geben. Warme Sauce über die Pasta gießen, mit einem Vorlegebesteck vermischen und sofort servieren. Etwas fein gehackte Petersilie [→ Chiffonade-Schnitt, siehe Schneidetechniken Seite 22] über die Pasta streuen.

Nudelgericht mit scharf-würziger Tomatensauce

AZ: 10 MIN | ZZ: 40 MIN

ALIGOT UND GEBRATENE PILZE

Kartoffelpüree mit Käse und Knoblauch

ZUTATEN

ALIGOT

400 g mehlige Kartoffeln
3 Zweige Thymian
1 Knoblauchzehe mit Schale

50 ml Vollmilch
200 g Gruyère
1 Knoblauchzehe
35 g Butter
1 EL Crème fraîche
1/2 TL Fleur de Sel
1 Prise weißer Pfeffer

GEBRATENE PILZE

500 g Champignons
2 EL Olivenöl
3 Zweige Thymian
1 Knoblauchzehe mit Schale
1 Prise Paprika edelsüß
1 TL Fleur de Sel
1 Prise schwarzer Pfeffer
1 Prise Kristallzucker
4 EL Butter

ZUBEREITUNG

ALIGOT

Kartoffeln mit Schale, Thymian und Knoblauchzehe in einen Topf mit kaltem Wasser geben und zum Kochen bringen. Kartoffeln je nach Größe 20–30 Minuten sehr weich kochen. Zum Überprüfen, ob die Kartoffeln gar sind, mit einer Gabel anstechen. Wenn sie sich leicht lösen, sind sie durch. Mit kaltem Wasser kurz abschrecken und mit einem Messer schälen. Kochwasser, Knoblauchzehe und Thymian weggeben.

Milch in einem Topf aufkochen. Gruyère reiben. Knoblauch fein hacken. Die Kartoffeln in einen zweiten Topf geben und mit einem Kartoffelstampfer gut zerdrücken. Die heiße Milch und Knoblauch dazugeben. Nach und nach den Käse unterrühren, bis das Kartoffelpüree Fäden zieht. Zum Schluss Butter und Crème fraîche einarbeiten. Salzen und pfeffern.

GEBRATENE PILZE

Die Champignons putzen und vierteln. Den Strunk nur minimal kürzen.

Eine Pfanne mit Olivenöl erhitzen. Die Pilze mit Thymian und Knoblauchzehe braten, bis sie weich und gut gebräunt sind. Mit Paprikapulver bestreuen. Salzen, pfeffern und zuckern. Zum Schluss Butter dazugeben.

Heißes Püree mit Pilzen servieren.

TIPP

Das Gericht schmeckt noch besser, wenn verschiedene Pilzsorten verwendet werden.

Kartoffelpüree mit Käse und Knoblauch

AZ: 15 MIN | ZZ: 1 H 15 MIN

GEGRILLTER KARFIOL MIT KORIANDER-PESTO

Eine Spezialität aus Israel

ZUTATEN

5 l Mineralwasser, prickelnd
50 g grobes Meersalz
2 TL Natron
1 großer Karfiol | 800 g

etwas Olivenöl
etwas Fleur de Sel

KORIANDER-PESTO

1 Bund Koriander | 20 g
4 grüne Chilis
1/2 Knoblauchzehe
50 ml Olivenöl
Saft von 1/2 Zitrone
1/2 TL Fleur de Sel
1 Prise schwarzer Pfeffer

ZUM SERVIEREN

1 Becher Sauerrahm
1 TL Fleur de Sel

ZUBEREITUNG

Einen großen Topf mit Mineralwasser zum Kochen bringen. Wenn das Wasser kocht, Salz und Natron dazugeben. Den Karfiol als Ganzes (inklusive Blätter) in den Topf geben, er soll zu drei Vierteln mit Wasser bedeckt sein. Zudecken und für 10–15 Minuten auf mittlerer Hitze kochen, bis der Karfiol weich ist.

Den Backofen auf 200 °C Heißluft vorheizen. Den Karfiol abseihen, mit Olivenöl einstreichen und etwas salzen. Für 30–45 Minuten backen, bis er gut gebräunt ist. Zum Schluss die Temperatur auf 220 °C erhöhen, für eine schöne Bräunung.

Für das Pesto Koriander inklusive Stiele, Chilis und Knoblauchzehe grob hacken. Alle Zutaten in ein hohes Gefäß geben und mit einem Stabmixer zu einem groben Pesto pürieren. Salzen und pfeffern.

Sauerrahm cremig rühren und salzen. Den Karfiol nach dem Backen mit Koriander-Pesto bestreichen und mit Sauerrahm servieren.

TIPP

Ich liebe den Karfiol, wenn er sehr gut gebräunt ist. Für mehr Bräunungsfläche kann der Karfiol vor dem Backen auch halbiert werden.

Spezialität aus der französischen Region Lorraine

AZ: 20 MIN | ZZ: 1 H 30 MIN

QUICHE MIT LAUCH UND GRUYÈRE

Spezialität aus der französischen Region Lorraine

ZUTATEN

MÜRBTEIG

100 g Butter

200 g Weizenmehl

10 g Zucker

1 großes Ei

1 Prise Fleur de Sel

50 g Butter zum Einstreichen

FÜLLUNG

1 Stange Lauch | 160 g

1/4 Bund Petersilie | 15 g

2 EL Olivenöl

3 Zweige Thymian

1 Knoblauchzehe mit Schale

1 TL Fleur de Sel

150 ml Gemüsefond
[→ Seite 45]

2 EL Kristallzucker

2 EL Butter

1 EL Kirsch- oder Weichselbrand

100 g Gruyère

2 EL Butter

4 Eier

400 ml Schlagobers

30 ml Weißwein

ZUBEREITUNG

MÜRBTEIG

Butter in kleine Stücke schneiden und mit den restlichen Zutaten zu einem kompakten Teig verarbeiten. Den Teig zwischen zwei Blättern Backpapier dünn (3 mm) ausrollen. In den Kühlschrank geben, bis der Teig hart ist.

Backofen auf 180 °C Heißluft vorheizen. Eine Quiche-Form mit 24 cm Durchmesser mit viel Butter bestreichen. Wenn der Teig hart ist, beide Backpapiere entfernen. Über die Ofenform geben und sanft hineindrücken. Vorsichtig den Teig auch an den Seitenrand drücken. Mit dem Messer entlang der Oberkante der Ofenform schneiden und somit den überschüssigen Teig entfernen. Den Teig 15 Minuten anbacken, bis er sich vom Rand löst. Tarte aus dem Ofen nehmen.

FÜLLUNG

Den Lauch in 2–3 mm dicke Ringe schneiden. Petersilie zupfen und fein hacken. Olivenöl in einer Pfanne erhitzen. Lauch mit Petersilie, Thymian und Knoblauchzehe glasig dünsten. Salzen.

Mit etwas Gemüsefond ablöschen. Wenn der Fond verdunstet ist, etwas zuckern. Diesen Vorgang zweimal wiederholen, bis Fond und Zucker aufgebraucht sind.

Der Lauch benötigt 10–15 Minuten, bis er schön braun und karamellisiert ist. Zum Schluss etwas Butter und Kirschbrand dazugeben.

[→ weiter geht's auf der nächsten Seite]

50 ml Gemüsefond
[→ Seite 45]
1 Knoblauchzehe mit Schale
3 Zweige Thymian
1 TL Fleur de Sel
1 Prise Muskatnuss
1 Prise schwarzer Pfeffer

Gruyère grob reiben. In einen Topf Butter, Eier, Schlagobers, Wein, Gemüsefond und Käse mit Knoblauch und Thymian geben. Auf kleiner Flamme die Flüssigkeit langsam erhitzen, bis maximal 60 °C, damit das Schlagobers und die Eier nicht ausflocken. Wenn die Flüssigkeit warm ist, mit Deckel 10 Minuten ziehen lassen. Danach Knoblauchzehe und Thymian entfernen. Salzen und Muskatnuss dazugeben.

In die vorgebackene Tarte die Eier-Mischung geben und Lauch darüber verteilen. Für weitere 10–15 Minuten fertig backen, bis die Quiche gebräunt ist und die Eier stocken.

Aus dem Ofen nehmen. Pfeffern. Quiche kalt oder warm servieren.

AZ: 15 MIN | ZZ: 45 MIN

TORTILLA MIT REFRIED BEANS, GUACAMOLE & SALSA FRESCA

Fiesta Mexicana! ¡Olé!

ZUTATEN

REFRIED BEANS

250 g gekochte Bohnen (Pinto oder Kidney)
1 Frühlingszwiebel | 50 g
1/2 Knoblauchzehe
4 getrocknete Chilis
3 EL Wasser
3 EL Olivenöl
2 TL Paprika edelsüß
1 EL Tomatenmark
1 TL Fleur de Sel
1 Prise schwarzer Pfeffer
3 EL Wasser

ZUBEREITUNG

REFRIED BEANS

Bohnen kochen [→ Seite 36].

Frühlingszwiebel und Knoblauch fein hacken. Eine Pfanne erhitzen. Die Chilis ohne Öl rösten, bis sie etwas gebräunt sind. Aus der Pfanne nehmen, entkernen und hacken.

Olivenöl in der Pfanne erhitzen. Frühlingszwiebel, Knoblauch und Chilis glasig dünsten. Bohnen und 3 EL Wasser dazugeben und anbraten. Paprikapulver und Tomatenmark dazugeben, salzen und pfeffern. Braten, bis die Bohnen gebräunt sind. Danach mit einer Gabel etwas zerdrücken.

[→ weiter geht's auf der nächsten Seite]

GUACAMOLE

einige Korianderblätter
1/2 Knoblauchzehe
6 Kirschtomaten | 150 g
1/2 Frühlingszwiebel | 25 g
2 Avocados | 280 g
1 1/2 EL Limettensaft
1 TL Fleur de Sel
1 Prise Cayenne-Pfeffer

SALSA FRESCA

3 Tomaten | 300 g
1 roter Spitzpaprika | 100 g
1 Schalotte | 20 g
1 EL Koriander | 5 g
1 Chili
100 g Mais
Saft von 2 Limetten | 80 ml
2 EL Olivenöl
1 TL Fleur de Sel
1 Prise schwarzer Pfeffer

ZUM SERVIEREN

125 g Crème fraîche
250 g Sauerrahm
1 TL Fleur de Sel
8 Tortillas [→ Seite 42]

GUACAMOLE

Koriander zupfen. Korianderblätter, Knoblauch, Tomaten und Frühlingszwiebel fein hacken. Die Avocados halbieren, den Kern herausnehmen und aufbewahren. Mit einem Löffel das Fruchtfleisch entfernen.

In einer Schüssel mit der Gabel oder einem Kartoffelstampfer das Fruchtfleisch leicht zerdrücken, es sollen noch kleine Stücke vorhanden sein. Tomaten, Koriander, Limettensaft und Frühlingszwiebel dazugeben. Salzen und pfeffern.

SALSA FRESCA

Tomaten und Paprika halbieren und entkernen. Tomaten, Paprika und Schalotte klein würfelig [→ Brunoise-Schnitt, siehe Schneidetechniken Seite 22] schneiden. Koriander zupfen. Korianderblätter und Chili fein hacken. Alles Gemüse in eine Schüssel geben. Limettensaft und Olivenöl dazugeben. Salzen und pfeffern.

SERVIEREN

Crème fraîche und Sauerrahm cremig rühren. Salzen.

Die Tortillas mit der Crème bestreichen. Refried Beans, Guacamole und Salsa Fresca daraufgeben. Kalt servieren.

TIPPS

Gute reife Avocados sind in den Supermärkten schwer erhältlich. Ich kaufe immer harte unreife Avocados und lasse sie zuhause bei Raumtemperatur für einige Tage reifen, bis sie schön weich sind.

Fertige Guacamole lässt sich am besten mit dem Avocadokern aufbewahren, damit sie nicht so schnell bräunt. Die Guacamole luftdicht mit Frischhaltefolie bedecken. Vor dem Servieren braune Oberfläche von der Guacamole abschöpfen.

AZ: 25 MIN | ZZ: 50 MIN*

JULIAN-BURGER: THAI SWEET CHILI

Scharfer Burger mit Süßkartoffeln

ZUTATEN

SÜSSKARTOFFEL-PATTYS

1/2 Bund Koriander | 10 g
2 Frühlingszwiebeln
5 cm Ingwer | 30 g
2 Süßkartoffeln | 400 g
100 g Stärke
60 g Weizenmehl
1 Ei
1 TL Fleur de Sel
1 TL Sojasauce
1 Prise schwarzer Pfeffer

1 l Öl zum Frittieren (Maiskeim-, Sonnenblumen- oder Rapsöl)

ZUBEREITUNG

SÜSSKARTOFFEL-PATTYS

Koriander zupfen, nur die Blätter verwenden. Frühlingszwiebeln fein hacken. Ingwer schälen und fein hacken. Die Süßkartoffeln schälen und grob zerkleinern. In einem Topf mit Wasser zum Kochen bringen. Süßkartoffeln weich kochen.

Eine Kartoffelpresse und eine Schüssel vorbereiten. Die gekochten Süßkartoffeln abseihen und pressen. Stärke, Mehl, Ingwer, Ei, Salz, Frühlingszwiebeln und Koriander dazugeben und gut kneten. Salzen und pfeffern. Abschmecken. Aus dem Teig kleine Kugeln oder Laibchen formen.

Öl in einem großen Topf erhitzen. Die Bällchen bei ca. 170 °C für mehrere Minuten frittieren, bis sie leicht gebräunt sind.

[→ weiter geht's auf der nächsten Seite]

* ohne Burger-Buns

Scharfer Burger mit Süßkartoffeln

BURGER-BUNS

400 g Weizenmehl
2 TL Fleur de Sel
1 EL Kristallzucker
25 g Germ
100 g Wasser
150 g Vollmilch

etwas Milch
1 Ei
etwas Zucker
Sesam zum Bestreuen

ZUM SERVIEREN

1 Frühlingszwiebel | 50 g
1 rote und 1 gelbe Paprika
1 EL Öl
50 g Babyspinat
Thai-Sweet-Chili-Sauce
[→ Seite 48]
etwas Koriander

BURGER-BUNS

Alle Zutaten miteinander vermischen und für 10 Minuten kneten. Den Teig in eine Schüssel geben und 1 Stunde gehen lassen. Teig kurz kneten und noch eine Stunde gehen lassen.

Backofen auf 200 °C vorheizen. In einer Schüssel etwas Milch, Ei und Zucker verrühren, Burger-Buns damit bestreichen. Mit Sesam bestreuen.

Bei Heißluft für zirka 20 Minuten backen, bis sie goldbraun sind.

SERVIEREN

Frühlingszwiebel in dünne Scheiben schneiden. Paprika entkernen, in dünne Streifen schneiden und in Öl scharf anbraten. Die Burger-Buns halbieren, einige Blätter Babyspinat auf das Brot legen. Mit Thai-Sweet-Chili-Sauce bestreichen, Korianderblätter hineingeben und mit den frittierten Süßkartoffel-Pattys füllen.

Ungarische Palatschinken mit Bohnengulasch

AZ: 20 MIN | ZZ: 40 MIN

HORTOBAGY-PALATSCHINKEN

Ungarische Palatschinken mit Bohnengulasch

ZUTATEN

BOHNENGULASCH

750 g gekochte Kidneybohnen
3 Schalotten | 100 g
1 1/2 Knoblauchzehen
6 EL Olivenöl
5 Zweige Thymian
1 1/2 TL Zucker
1 1/2 EL Paprikapulver edelsüß
3 EL Butter
250 g Tomatenpassata
750 ml Gemüsefond [→ Seite 45]
1 Lorbeerblatt
3 Nelken
1 1/2 TL Sojasauce
1 1/2 TL Weißweinessig
1 Prise schwarzer Pfeffer
1 Prise Fleur de Sel

SAUERRAHM-SAUCE

1 Becher Sauerrahm | 250 g
1 Prise Fleur de Sel
1 Prise schwarzer Pfeffer

Palatschinken [→ Seite 41]

ZUBEREITUNG

Bohnen kochen [→ Seite 36].

Schalotten und Knoblauchzehen fein hacken. Bohnen abseihen. Olivenöl in einem großen Schmortopf erhitzen. Zwiebel und Knoblauch mit Thymian für einige Minuten glasig braten. Zwiebel zuckern. Danach Paprikapulver dazugeben und rösten, bis es nach Paprika riecht und die Zwiebeln sich färben. Butter und Bohnen dazugeben und braten.

Mit Tomatenpassata und Fond aufgießen. Lorbeerblatt, Nelken dazugeben. Einmal aufkochen, danach zugedeckt auf mittlerer Hitze für 20 Minuten kochen. Zum Schluss würzen mit Sojasauce, Essig und Pfeffer. Sparsam salzen. Nelken, Thymian und Lorbeerblatt entfernen.

Für die Sauce etwas Flüssigkeit vom Gulasch abschöpfen und mit Sauerrahm verrühren. Salzen und pfeffern.

Warme Palatschinken mit etwas Gulasch füllen und einrollen. Mit Sauerrahm-Sauce bestreichen und servieren.

TIPP

Statt Kidneybohnen können auch andere Bohnen oder Kichererbsen verwendet werden. Für eine österreichische Variante eignen sich Käferbohnen sehr gut.

Mmh

DESSERTS

Das Beste kommt zum Schluss.

AZ: 10 MIN | ZZ: 1 H

HIMBEER-MASCARPONE-PARFAIT

Rosa, cremig, gut

ZUTATEN

VANILLESAUCE

1 Vanilleschote
200 ml Vollmilch
200 ml Schlagobers
1 Prise Fleur de Sel
6 Eidotter | 120 g
100 g Kristallzucker

HIMBEER-PARFAIT

300 g gefrorene Himbeeren
1 Eidotter
1 Msp. Vanillemark (von oben)
100 g Staubzucker
1 Prise Fleur de Sel
1 Schuss Zitronensaft
200 g Mascarpone

ZUM SERVIEREN

200 g frische Himbeeren
etwas Staubzucker

ZUBEREITUNG

VANILLESAUCE

Vanilleschote auskratzen. Eine Messerspitze Vanillemark zur Seite geben. Milch, Schlagobers, Salz, restliches Vanillemark und die ausgekratzte Vanilleschote in einen Topf geben. Zum Kochen bringen. Danach vom Herd nehmen.

In einer Schüssel Eidotter und Zucker mit dem Schneebesen verrühren, bis die Masse blassgelb ist.

Ei-Zucker-Mischung in die heiße Milch geben. Auf mittelhoher Hitze unter ständigem Rühren kochen, bis die Sauce dicker wird. Die Sauce soll so dick sein, dass ein Löffel nach dem Eintauchen bedeckt bleibt. Sauce umfüllen und kühlen.

HIMBEER-PARFAIT

Himbeeren mit Eidotter, Staubzucker, Salz, 1 Messerspitze Vanillemark und Zitronensaft mit einem Stabmixer pürieren. Mascarpone dazugeben und nochmals pürieren. Parfait kann sofort serviert werden, besser schmeckt es, wenn es 4 Stunden gekühlt wird.

SERVIEREN

Für besonders schönes Anrichten einen Dessertring verwenden. Ein Dessertring ist eine runde Metallform, um schöne runde Formen anzurichten. Parfait in den Ring füllen und Ring hochziehen.

Kaltes Parfait auf einen Teller geben, frische Himbeeren auf das Parfait legen, mit Staubzucker pudern, mit Vanillesauce servieren.

TIPPS

Zucker an die Fruchtsüße anpassen.
Es eignen sich auch andere Beerensorten.
Das Parfait kann mit Grand Marnier oder Likör verfeinert werden.

Rosa, cremig, gut

AZ: 10 MIN | ZZ: 2 H

CRÈME BRÛLÉE

Die Königin unter den französischen Desserts

ZUTATEN

Für 6 Förmchen

75 ml Vollmilch
450 ml Schlagobers
2 Vanilleschoten

6 Eidotter | 120 g
50 g Kristallzucker

ZUM KARAMELLISIEREN

30 g Kristallzucker

ZUBEREITUNG

Milch, Schlagobers, ausgekratztes Vanillemark und Vanilleschoten in einem Topf zum Kochen bringen. Danach vom Herd nehmen, zudecken und 10 Minuten ziehen lassen.

Den Backofen auf 90 °C Heißluft vorheizen.

In einer Schüssel die Eidotter mit dem Zucker verrühren bis die Masse blassgelb ist.

Die heiße Milchmasse langsam über die Ei-Zucker-Masse gießen und gut umrühren.

Die Crème in Förmchen gießen und für ca. 90 Minuten backen. Sie ist fertig, wenn die Flüssigkeit fest ist und nicht mehr wackelt.

Die Crème brûlée mit Zucker bestreuen und sofort mit einem Bunsenbrenner karamellisieren.

Italienisches Dessert mit einem Hauch Asien

AZ: 15 MIN | ZZ: 5 H

KOKOS-PANNA-COTTA MIT MANGOSAUCE

Italienisches Dessert mit einem Hauch Asien

ZUTATEN

Für 4–6 Förmchen

KOKOS-PANNA-COTTA

2 Stk. Zitronengras | 30 g

500 ml Kokosmilch

80 g Rohrzucker

1 Prise Fleur de Sel

1 EL Kokosöl

Agar Agar*

MANGOSAUCE

1 Mango | 500 g

1 TL Rohrzucker

Saft und Zesten von 1 Limette | 40 ml

1 Passionsfrucht | 25 g

2 TL Rum

ZUBEREITUNG

KOKOS-PANNA-COTTA

Äußerste Schicht vom Zitronengras entfernen, beide Enden etwas kürzen, Zitronengras halbieren.

In einem Kochtopf die Kokosmilch mit Zucker, Salz und Zitronengras zum Kochen bringen. Wenn die Milch kocht, zudecken und 10 Minuten ziehen lassen.

Förmchen mit Kokosöl befetten und mit Zucker bestreuen. Zitronengras aus der Kokosmilch nehmen, Agar Agar einrühren und nochmals aufkochen. Danach in Förmchen füllen.

Für mehrere Stunden in den Kühlschrank stellen. Wenn die Panna Cotta kalt ist, vorsichtig aus der Form stürzen.

MANGOSAUCE

Die Mango schälen und entkernen. Nach Bedarf mit Rohrzucker süßen. Mit Limettenzesten und etwas Limettensaft mit einem Stabmixer pürieren. Zum Schluss Passionsfrucht und Rum mit dem Schneebesen einrühren.

Mangosauce über die Panna Cotta gießen.

TIPPS

* Die Mengenangaben für Agar Agar unterscheiden sich von Hersteller zu Hersteller. Agar Agar laut Packungsanweisung für 500 ml Flüssigkeit dosieren.

Statt Agar Agar können auch 6 g Gelatine (ca. 3 Blätter) verwendet werden. Gelatine in kaltem Wasser einweichen, und nach dem Kochen in die heiße Flüssigkeit einrühren.

Wenn es keine vollreifen Mangos (idealerweise Flugmangos) gibt, Mangosaft verwenden.

Als Alternative zu Zitronengras schmeckt die Panna Cotta auch sehr gut mit Vanille.

AZ: 10 MIN | ZZ: 1 H

AVOCADO-SCHOKO-MOUSSE

Mexikanische Verführung

ZUTATEN

SCHOKO-MOUSSE

1 große Avocado | 140 g
1 Vanilleschote
70 g Schokolade
100 ml Vollmilch
40 g Kakaopulver
50 g Honig
1 EL Rum
1 Prise Fleur de Sel

KARAMELLISIERTE NÜSSE

50 g Wasser
50 g Kristallzucker
100 g Haselnüsse

ZUBEREITUNG

Avocado halbieren, entkernen und Avocadofleisch mit einem Löffel herausnehmen. Vanillemark aus der Schote herauskratzen. Schokolade grob zerkleinern, in eine Schüssel geben und im Wasserbad schmelzen. In die geschmolzene Schokolade Milch, Kakaopulver, Honig, Vanillemark, Rum und Salz einrühren. Die Avocado dazugeben und mit einem Stabmixer pürieren, bis die Mousse cremig ist.

In Gläser abfüllen und 30 Minuten kalt stellen.

Backofen auf 200 °C Heißluft vorheizen. Für die karamellisierten Nüsse einen Topf mit Wasser und Zucker zum Kochen bringen. Die übrig gebliebene ausgekratzte Vanilleschote mitkochen. Die Wasser-Zucker-Mischung einige Minuten köcheln lassen. Nüsse in eine Schüssel geben. Flüssigkeit vom Herd nehmen, über die Nüsse gießen. Nüsse auf einem Backblech mit Backpapier verteilen. Für 10–15 Minuten backen, bis die Nüsse glänzen und goldbraun sind. Nüsse vom heißen Blech geben und auskühlen lassen.

Nüsse über die Mousse geben und servieren.

TIPPS

Für dieses Dessert kann jede Art von Milch verwendet werden. Vegetarier können Vollmilch von Kuh oder Schaf nehmen, Veganern empfehle ich Mandelmilch, alternativ auch Reis- oder Hafermilch. Wenn die Milch gesüßt ist, die Honigmenge etwas reduzieren.

Als Schokolade eignet sich sowohl Milch- als auch Bitterschokolade. Bei Verwendung von Milchschokolade die Honigmenge etwas reduzieren.

AZ: 20 MIN | ZZ: 30 MIN

CRÊPES SUZETTE

Orange, Karamell und Grand Marnier

ZUTATEN

ORANGEN-KARAMELL-SAUCE

2 Orangen | 300 g

70 g brauner Zucker

50 g Butter

200 ml frischer Orangensaft | 2 Orangen

1 Prise Fleur de Sel

50 ml Orangenlikör (Grand Marnier oder Cointreau)

CRÈME CHANTILLY

250 ml Schlagobers

2 EL Zucker

1 EL Grand Marnier oder Rum

Mark von 1/4 Vanilleschote

ZUM SERVIEREN

Crêpes [→ Seite 41]

in den Teig Zesten von 1 Orange einarbeiten

50 ml Orangenlikör (Grand Marnier oder Cointreau)

ZUBEREITUNG

ORANGEN-KARAMELL-SAUCE

Orangenzesten abreiben. Orangen filetieren [→ siehe Schneide-techniken Seite 26].

In einer Pfanne Zucker und Butter schmelzen. Wenn Zucker und Butter flüssig sind und leicht blubbern, mit Orangensaft aufgießen, Zesten dazugeben.

Sauce gut umrühren, einmal aufkochen lassen, Orangenfilets in die Sauce geben, Sauce auf mittlerer Flamme 10 Minuten köcheln lassen. Salzen. Orangenfilets herausnehmen.

Zum Schluss Orangenlikör einrühren. Durch ein Sieb passieren.

CRÈME CHANTILLY

Schlagobers mit Zucker, Alkohol und Vanillemark aufschlagen.

SERVIEREN

Crêpes mit Orangen-Karamell-Sauce bestreichen, in der Mitte zusammenfalten, nochmals zusammenfalten, bis ein Viertel entsteht. In eine heiße Pfanne geben. Orangenfilets auf die Crêpes geben, mit Sauce übergießen, mit Likör übergießen, mit einem Feuerzeug anzünden und flambieren. Servieren mit kalter Crème Chantilly.

Orange, Karamell und Grand Marnier

AZ: 40 MIN | ZZ: 2 H

APFELTARTE

Fruchtig-süßer Apfelkuchen

ZUTATEN

Für 1 Tarte à 24 cm

MÜRBTEIG

100 g Butter
65 g Kristallzucker
1 kleines Ei
1/4 Vanilleschote
1 Prise Fleur de Sel
200 g Weizenmehl
20 g gemahlene Mandeln

Butter zum Einfetten

FÜLLUNG

1,2 kg Äpfel (ca. 6 große Äpfel)
50 g Butter
2 EL Zucker
2 EL Rum oder Grand Marnier
Saft und Zesten von 1/2 Zitrone
1/2 Vanilleschote
50 g Marillenmarmelade

etwas Butter
etwas Kristallzucker

ZUBEREITUNG

MÜRBTEIG

Butter auf Zimmertemperatur bringen und in kleine Würfel schneiden. Mehl und Mandeln sieben ①. Zucker, Ei, ausgekratztes Vanillemark und Salz in einer Schüssel verrühren ②. Alle Zutaten vermischen und durchkneten ③, bis ein kompakter Teig entsteht ④. Wenn der Teig zu flüssig ist, etwas Mehl dazugeben.

Den Teig zwischen zwei Stück Backpapier ⑤ zirka 4 mm dick zu einem Rechteck ausrollen ⑥–⑦. Den Teig flach für 1 Stunde in den Kühlschrank oder 30 Minuten in den Gefrierschrank geben.

Backofen auf 180° C Heißluft vorheizen.

Den kalten Teig von den beiden Stücken Backpapier befreien. Einen großen Kreis mit dem Durchmesser der Springform aus dem Teig ausschneiden ⑪. 3 lange Teigstücke, 3 cm breit, ausschneiden. Eine Springform mit Butter einfetten ⑫.

Springform zusammenbauen. Den Kreis auf den Boden legen, mit den langen Teigstücken einen Rand formen und an den Springform-Rand drücken ⑬. Den Teig ca. 15 Minuten backen, bis er gebräunt ist und sich vom Rand löst. Danach aus dem Ofen nehmen und vorsichtig öffnen. Springform wieder verschließen.

[→ weiter geht's auf den nächsten Seiten]

1

2

3

4

5

6

7

8

9

10

11

12

13

14

15

16

GLASUR

75 g Marillenmarmelade

1/4 Vanilleschote

2 EL Wasser

FÜLLUNG

Äpfel schälen. 1 Apfel in sehr dünne Halbmond-Scheiben schneiden ⑨ und zum Belegen zur Seite geben. Die restlichen Äpfel in kleine Stücke schneiden ⑧. In einer großen Pfanne Butter schmelzen. Danach Zucker, Rum, Zitronensaft und -zesten, ausgekratztes Vanillemark, Marillenmarmelade und die Äpfel dazugeben ⑩ und auf kleiner Flamme 10–15 Minuten kochen, bis die Äpfel weich sind.

Gekochte Apfelmasse in die gebackene, noch warme Tarte füllen und glattstreichen. Die Apfel-Halbmondscheiben kreisrund wie eine Blüte schön und exakt auflegen ⑮. Mehrere kleine Häufchen Butter auf der gesamten Tarte verteilen ⑯. Anzuckern.

Für weitere 20 Minuten backen, bis die Äpfel leicht bräunlich sind. Aus dem Ofen nehmen, Ring entfernen und auskühlen lassen.

Für die Glasur die Marmelade, Vanillemark und Wasser erhitzen. Mit einem Pinsel die Oberfläche bestreichen ⑰.

AZ: 20 MIN | ZZ: 1 H

MARILLENKNÖDEL

Mehlspeise der österreichischen und böhmischen Küche

ZUTATEN

Für 8 Knödel

FÜLLUNG

Mark von 1/4 Vanilleschote
30 ml Grand Marnier oder Rum
8 kleine Marillen | 50 g
8 Stk. Würfelzucker
4 TL Butter
8 TL Marillenmarmelade

TOPFENTEIG

60 g Butter
170 g Mehl
200 g Schafstopfen
50 g Mascarpone
1 EL Zucker
1 TL Fleur de Sel
Zesten von 1/2 Zitrone
1 Schuss Rum
1 Ei oder 2 Eidotter

GEBRANNTE MANDELN

60 g Mandeln, gehobelt
2 EL Staubzucker

ZUBEREITUNG

FÜLLUNG

Vanilleschote auskratzen und Vanillemark mit dem Alkohol verrühren.

Marillen halbieren und Kern entfernen. Anstelle des Kerns ein Stück Würfelzucker und etwas Butter in die Mitte geben. Marillen mit Marmelade einreiben, ein kleines Stück Butter auf die Marille geben. Mit Alkohol übergießen und 30 Minuten marinieren.

KNÖDEL

Alle Zutaten zu einem feuchten Teig kneten. Zu einer Rolle formen und in 8 Teile teilen. Jeden Teil zu einer Kugel formen. Für leichteres Formen Teig für 30 Minuten kühlen.

Die Teigkugeln flachdrücken. In die Mitte eine gefüllte Marille geben, mit dem Teig umwickeln und zu einem Knödel formen. 8 Stück Alufolie vorbereiten und mit Butter befetten. Die Knödel mit Alufolie einwickeln.

GEBRANNTE MANDELN

Backofen auf 200 °C Heißluft vorheizen. Backpapier auf ein Backblech legen. Mandeln gut verteilen, mit Staubzucker bepudern und ca. 5 Minuten backen, bis sie goldbraun sind.

KARAMELLISIERTE SEMMELBRÖSEL

In einer Pfanne Butter schmelzen, Semmelbrösel und Zucker dazugeben. Rösten, bis die Brösel braun sind. Vorsicht, die Brösel nicht zu stark verbrennen.

KARAMELLISIERTE SEMMELBRÖSEL

180 g Butter

150 g Semmelbrösel

120 g Zucker

CRÈME CHANTILLY

250 g Schlagobers

2 EL Zucker

1 EL Grand Marnier oder Rum

Mark von 1/4 Vanilleschote

Salz zum Kochen

Staubzucker zum Servieren

CRÈME CHANTILLY

Schlagobers mit Zucker, Alkohol und Vanillemark aufschlagen.

FERTIGSTELLEN

Einen großen Topf zum Kochen bringen.

Die eingewickelten Knödel ins kochende Wasser geben und für 10 Minuten wallend kochen. Danach Knödel zudecken und 15 Minuten ziehen lassen.

Aus dem Wasser nehmen, sanft auspacken, in Bröseln wälzen. Mit Staubzucker bepudern, gebrannte Mandeln darüberstreuen und mit Crème Chantilly servieren.

[→ Bild siehe nächste Seite]

TIPPS

Statt Marillen eignen sich auch Zwetschken, Erdbeeren oder Schokoladenstücke.

Die ungekochten Knödel können auch sehr gut tiefgekühlt werden. Gefrorene Knödel benötigen etwas mehr Kochzeit.

Klassisches Dessert mit fruchtiger Note

AZ: 20 MIN | ZZ: 30 MIN

GRIESSFLAMMERI MIT ZWETSCHKENRÖSTER

Klassisches Dessert mit fruchtiger Note

ZUTATEN

Für 4–6 Dessertgläser

GRIESSFLAMMERI

8 g Gelatine | 4 Blätter
2 Eier
60 g Zucker
1 Vanilleschote
500 ml Vollmilch
1 Prise Fleur de Sel
80 g Weizengrieß
250 ml Schlagobers

ZWETSCHKENRÖSTER

500 g Zwetschken
1 Vanilleschote
Schale von 1/2 Orange
50 g Kristallzucker
50 g Portwein
30 g Kirsch oder Weichselbrand
2 Nelken
1 Prise Fleur de Sel
1 Schuss Zitronensaft

ZUBEREITUNG

Gelatine in kaltem Wasser einweichen ⑧. Eier trennen, Eidotter und etwas Zucker in einer Schüssel mit dem Schneebesen schaumig rühren, bis es blassgelb ist.

Vanilleschote auskratzen. Milch, Vanillemark und ausgekratzte Vanilleschoten zum Kochen bringen ⑩. Kochende Milch salzen. Grieß dazugeben und 5 Minuten kochen, bis der Grieß durch ist.

Vom Herd nehmen. Die Ei-Zucker-Masse in den Grieß einrühren ⑪. Gelatine ausdrücken und in die Grießmasse einrühren ⑫–⑬ und Schlagobers mit dem Mixer aufschlagen ⑭–⑮. Eiklar steifschlagen und den restlichen Zucker nach und nach einrieseln lassen ⑯–⑰.

Zuerst das Schlagobers vollständig unterheben, danach den Eischnee sanft unterheben. In Gläser füllen und für 6 Stunden zugedeckt ⑱ in den Kühlschrank stellen.

ZWETSCHKENRÖSTER

Zwetschken halbieren und entkernen ①. Vanillemark auskratzen, Vanilleschote mitkochen. Orangenschale mit einem Sparschäler abziehen. Alle Zutaten in einen Topf geben ②–⑤ und einmal aufkochen lassen. Den Röster bei mittlerer Hitze für zirka 40 Minuten köcheln lassen, bis alle Flüssigkeit verkocht ist, der Röster eingedickt ist und die Zwetschkenhaut sich nach außen schält ⑥–⑦. Zwetschkenröster ist im Kühlschrank mehrere Wochen haltbar.

TIPPS

Der Röster kann auch mit anderen Früchten zubereitet werden, z.B.: Marille, Holler, Beeren etc.

Zwetschkenröster kann wie Marmelade haltbar gemacht werden. Kochenden Röster in ausgekochte Gläser füllen, Glas stürzen und auskühlen lassen. Dadurch wird der Zwetschkenröster ungekühlt sehr lange lagerbar.

Zum Dekorieren verwende ich gerne eingelegte Weichseln oder Amarena-Kirschen.

8

9

10

11

12

13

14

15

16

KONG
17

KONG
18

ANHANG

Kochbegriffe,
Glossar, Bezugsquellen,
Menüvorschläge,
Rezeptregister
und mehr ...

WICHTIGE (KOCH-)BEGRIFFE

AGAR AGAR ist ein pflanzliches Geliermittel und ist eine pflanzliche Alternative zu Gelatine.

Als **ABLÖSCHEN** bezeichnet man das Zugeben von Flüssigkeit während dem Braten. Zum Ablöschen eignet sich jede Flüssigkeit: Wasser, Suppen, Milch, Wein oder Spirituosen. Durch das Ablöschen werden eingebrannte Aromen gelöst und verbessern dadurch den Geschmack der Speise.

AL DENTE bedeutet bissfest gekocht. Bissfest ist das Gegenteil von matschig. Pasta soll gar sein, aber nicht zu weich oder zerkocht.

Die **ALLROUND-EDELSTAHL-REIBE** ist mein Lieblingswerkzeug, um Zesten, Muskatnüsse oder Ingwer zu reiben. Sie besteht aus einem Kunststoffgriff und einer langen schmalen Reibe.

Beim **ABSEIHEN** werden Pasta, Nudeln etc. von der Kochflüssigkeit getrennt. Die Zutaten werden meistens in ein Sieb gegeben, damit die Flüssigkeit abtropfen kann.

ABSCHRECKEN bedeutet, eine heiße Zutat mit kaltem Wasser zu spülen oder in ein Eiswürfelbad zu geben. Dadurch wird der Kochprozess gestoppt und die Zutat bleibt im gewünschten Zustand.

Alle Germteige können **AUFGEHEN**. Durch die Germ vergrößert sich die Masse, der Teig wird locker und luftig.

Beim **BLANCHIEREN** werden Lebensmittel für wenige Sekunden bis zu einer Minute in kochend heißes Wasser gegeben, um z.B. Tomaten zu schälen oder die Farbe bei Brokkoli aufzufrischen. Danach muss das Lebensmittel sofort in kaltes Wasser mit Eiswürfeln, damit der Kochprozess gestoppt wird.

BURRATA ist ein Frischkäse, ähnlich wie Mozzarella. Sie besteht ebenso aus Büffelmilch und ist gefüllt mit einer Mischung aus Schlagobers und Mozzarellasträngen. Dadurch schmeckt die Burrata besonders cremig.

COGNAC ist ein alkoholisches Getränk aus Frankreich. Es ist ein Weinbrand, der in der Region Cognac produziert wird und aus Trauben entsteht. Grappa hat mindestens 36 Vol.-% und zählt zu den Spirituosen.

COUSCOUS ist ein nordafrikanisches Weizenprodukt. Er wird aus Hartweizengrieß hergestellt.

CRÈME CHANTILLY ist eine Mischung aus Schlagobers, Zucker und Vanille. Der Name Chantilly stammt von dem gleichnamigen Ort, der außerhalb von Paris liegt.

FLEUR DE SEL ist ein handgeschöpftes Meersalz, es bedeutet übersetzt Salzblume und kommt vorwiegend aus Frankreich. Fleur de Sel hat einen leichteren und feineren Geschmack als normales Meer- oder Steinsalz.

Ein **GEMÜSEFOND** ist eine Brühe, die aus Gemüse gekocht wird. Der Fond dient als Grundlage für Saucen, zum Kochen von Gemüse, für Risotto oder zum Ablöschen.

GERSTENMALZ wird aus gekeimtem Getreide hergestellt und ist ein Backmittel für besseren Geschmack. Weiters wird die Kruste verbessert.

GRAND MARNIER ist eine französische Spirituose aus Cognac, Bitterorange und Zucker mit 40 Vol.-%.

GLASIG BRATEN bedeutet das Anbraten von Gemüse etc., ohne es zu bräunen. Das Gemüse wird leicht durchsichtig und behält seinen Eigengeschmack.

GRUYÈRE ist ein würziger Hartkäse aus Kuh-Rohmilch aus der Schweiz.

GUSSEISERNE TÖPFE sind schwere Eisentöpfe und -pfannen. Durch ihre sehr guten Wärmeeigenschaften sind sie ideal zum Schmoren und für Speisen, die lange kochen. Gusseisernes Geschirr ist mit oder ohne Beschichtung erhältlich und hat eine hohe Lebensdauer.

KAFFIR-LIMETTENBLÄTTER sind die essbaren Blätter des Kaffir-Limettenbaums. Sie werden häufig in der Thaiküche verwendet.

MASCARPONE ist ein italienischer Doppelrahm-Frischkäse und wird sehr viel in der Dessertküche verwendet, z.B. für Tiramisù.

RICOTTA ist ein Frischkäse und wird aus Molkeresten der Käseproduktion hergestellt. Ricotta kann aus beliebigen Milcharten produziert werden: Kuh, Schaf, Ziege oder Wasserbüffel.

Eine **SAUCE REDUZIEREN** bedeutet, dass sie ohne Deckel gekocht wird, bis das Wasser verdampft und die Sauce ohne Zugabe von Verdickungsmitteln (Stärke, Mehl etc.) eindickt. Durch das Reduzieren intensiviert sich der Geschmack, die Menge wird gleichzeitig weniger.

Ein **SPARSCHÄLER** ist ein Küchenutensil aus Metall, um Kartoffeln, Spargel etc. zu schälen.

STAUBEN bedeutet das Bestreuen von Lebensmitteln mit Mehl.

TOMATENPASSATA sind passierte Tomaten oder Tomatenpüree. Die Passata ist meistens nur leicht gesalzen, wird im Tetrapack, in Dosen oder Gläsern verkauft.

VOLLMILCH ist Kuhmilch mit dem höchsten Fettanteil von zirka 3,5 %. Da Fett ein wichtiger Geschmacksträger ist, verwende ich nur frische Vollmilch.

VORLEGEBESTECK ist Besteck, welches zum Anrichten und Servieren am Esstisch verwendet wird. Vorlegebesteck ist größer als Essbesteck und deswegen ideal zum Portionieren von Speisen.

ZESTEN sind sehr feine Streifen aus der Schale von Zitrusfrüchten (z.B. Orangen und Limetten). Zesten beinhalten die ätherischen Öle und das Aroma der Zitrusfrucht. Zesten können mit einer Allround-Edelstahl-Reibe oder einem Zestenreißer gewonnen werden. Für Zesten nur unbehandelte oder biologische Zitrusfrüchte verwenden.

GLOSSAR

Eidotter	Eigelb
Eierschwammerl	Pfifferlinge
Fisolen	Grüne Bohnen
Fond	Brühe
Germ	Hefe
Karfiol	Blumenkohl
Karotte	Möhre
Knödel	Klöße
Kraut	Kohl
Kren	Meerrettich
Lauch	Porree
Marille	Aprikose
Marmelade	Konfitüre
Melanzani	Aubergine
Orange	Apfelsine
Palatschinke	Eierkuchen
Pfefferoni	Peperoni
Sauerrahm	Saure Sahne
Schlagobers	Schlagsahne
Schwammerl	Pilze
Semmelbrösel	Paniermehl
Staubzucker	Puderzucker
Topfen	Quark
Vogerlsalat	Feldsalat
Weichsel	Sauerkirsche
Zwetschken	Zwetschgen, Pflaumen

BEZUGSQUELLEN

Die meisten Lebensmittel, die in diesem Kochbuch vorkommen, sind in regulären Supermärkten oder beim Lebensmittel-Diskonter erhältlich. Obst und Gemüse kaufe ich bevorzugt in lokalen Bauernläden oder am Markt.

PFEFFERSORTEN UND ANDERE GEWÜRZE

www.spiceworld.at

www.ingo-holland-shop.de

www.ankerkraut.de

FLEUR DE SEL GROSSPACKUNGEN

www.fleur-de-sel24.de

ITALIENISCHE LEBENSMITTEL

www.sapori-del-sud.at

www.amatulli.de

www.emilia.de

FRANZÖSISCHE LEBENSMITTEL

www.aureliebastian.de

ASIATISCHE LEBENSMITTEL

Frische Zutaten wie Zitronengras oder Thai-Basilikum findest du im lokalen Asialaden in deiner Stadt.

www.hongkongshop.at

www.asiafoodland.de

www.asiamarkt-wing.de

www.reishunger.de

KÜCHENHELFER

www.biber.com

www.springlane.de

www.kochform.de

www.chuchilade.ch

GERSTENMALZ

Erhältlich im Reformhaus, Bio- oder Naturkostgeschäft.

TAHINI

Erhältlich im Reformhaus, Bio- oder Naturkostgeschäft, in asiatischen oder türkischen Supermärkten.

ROYAL
OPORTO
TAWNY

MENÜ VORSCHLÄGE

Ob für den schnellen Hunger, ein großes Fest oder Gäste mit besonderem Ernährungsstil, die folgenden Menüvorschläge sind für viele Gelegenheiten passend.

SCHNELL & EINFACH

I. Spinat-Feigen-Salat, 55

II. Pasta Puttanesca, 138

ECONOMY MENÜ

I. Gegrillter Karfiol mit Koriander-Pesto, 143

II. Nidei, 110

ELEGANTES MENÜ

I. California Sushi, 83

II. Französische Zwiebelsuppe, 77

III. Aligot und gebratene Pilze, 140

IV. Apfeltarte, 167

FÜR KÄSELIEBHABER

I. French Sandwich mit gebratenem Ziegenkäse, 98

II. Tarte flambée au fromage, 137

ITALIENISCHES MENÜ

I. Gnocchi mit Butter und Salbei, 114

II. Peperone ripieno, 130

III. Himbeer-Mascarpone-Parfait, 156

ÖSTERREICHISCHES MENÜ

I. Steirischer Waldorfsalat, 56

II. Kartoffelschnitzel, 117

III. Marillenknödel, 172

ORENTIALISCHES MENÜ

I. Roasted-Pepper-Hummus, 97

II. Shakshuka, 106

ASIATISCHES MENÜ

I. Gyoza mit Gemüsefüllung, 63

II. Thai-Curry, 125

III. Kokos-Panna-Cotta mit Mangosauce, 161

FRANZÖSISCHES MENÜ

I. Spinat-Feigen-Salat, 55

II. Quiche mit Lauch und Gruyère, 145

III. Crème brûlée, 159

VEGANES MENÜ

I. Sichuan Beans, 80

II. Tel-Aviv-Pita mit Falafel und Hummus, 119

III. Avocado-Schoko-Mousse (mit Mandelmilch), 162

FÜR VIELE GÄSTE

I. Pain de Campagne, 93 und italienischer Liptauer, 101

II. Thai-Curry, 125

III. Avocado-Schoko-Mousse, 162

ALPHABETISCHES REZEPTREGISTER

MEINE KOCHSCHULE IN WIEN

Jeder, der mich kennt, weiß, dass ich tolles Essen, die schönen Dinge des Lebens und ansprechendes Design liebe.

SIMPLY GOOD FOOD. Kochen, Lernen & Erleben

In meiner Kochschule stehen Genuss, kulinarische Extravaganz, Liebe zum Detail und Spaß am Kochen an erster Stelle.

Wenn du gerne kochst, raffiniertes Essen und feine Küche liebst, dir deine Gesundheit und dein Wohlbefinden wichtig sind, dann bist du bei mir richtig. Neben vielen Tipps und Tricks sowie praktischem Wissen zeige ich dir in meiner Kochschule, wie du zum Küchenprofi wirst.

Meine Küchenphilosophie verbindet sämtliche großen Trends und Bewegungen der traditionellen und aktuellen Gourmetströmungen und grenzt nichts aus.

Neben Pasta und klassischer italienischer Küche koche ich in der Kochschule auch französisch, asiatisch, das Beste vom Fleisch, französische Patisserie und natürlich auch österreichische Küche.

Selbstverständlich unterrichte ich auch vegetarische, veganen Küche und RAW Cuisine.

Wenn du nicht nach Wien kommen kannst, komme ich auch gerne zu dir nach Hause, für Einzelprivatkurse oder mit mehreren Personen.

Aktuelle Kurstermine findest du immer auf meiner Website.

WWW.JULIANKUTOS.COM

DANK

Herzlichen Dank an meine Familie, dass sie mich immer unterstützt. Einen großen Dank an meine Inspiration und meine Förderer, Alexander und Elisabeth. Weiters danke ich Anita und Christina vom Löwenzahn Verlag.

ÜBER MICH

In frühester Kindheit wurde ich durch die Kochkunst meiner Großmutter geprägt, die mir die Liebe zu Geschmack und Genuss mit ihrer steirischen Küche beigebracht hat. Während meines Marketing-Studiums entdeckte ich die Freude am Kochen.

Nach dem Studium zog es mich nach Shanghai. Dort fesselte mich ein bahnbrechender Lifestyle, der mich weiter nach Kalifornien führte, wo ich die Ausbildung zum Gourmet RAW Food Chef im „Living Light Institute of Culinary Arts" erfolgreich absolvierte. Danach verschlug es mich nach Berlin, und ich kochte mich durch vegane und rohköstliche Restaurants. In dieser multikulturellen Metropole, in der verschiedenste Kulturen mit ihren Küchen aufeinandertreffen, wurde mir bewusst, dass ich über den Tellerrand schauen muss, um beruflich weiterzukommen, und dass es noch viel mehr zu entdecken gibt als nur die roh-vegane Küche.

2015 ging ich ins für mich kulinarischste Land der Welt: nach Frankreich. Es ist ein Land wie kein anderes, welches sich dem Genuss, der exzellenten Küche und den herausragenden Zutaten in jeder einzelnen Region widmet. Ich erfüllte mir einen lang ersehnten Traum, ich lernte französische Küche und Patisserie beim Großmeister Alain Ducasse. Den Abschluss am „Centre de Formation d'Alain Ducasse" bildete ein Praktikum im legendären Eiffelturm Restaurant „Le Jules Verne" auf der 2. Turmebene.

Nach Paris gründete ich meine eigene Kochschule in Wien, wurde Falstaff Food-Blogger mit einer wöchentliche Rezept-Kolumne. Weiters bin ich auf Messen und Events im In- und Ausland als Showkoch tätig und bleibe weiterhin neugierig und hungrig.

Im Löwenzahn Verlag erscheinen nun meine Kochbücher – **SIMPLY GOOD FOOD.**

ISBN 978-3-7066-2618-7

ISBN 978-3-7066-2620-0

IMPRESSUM

Auflage:

2020 2019 2018 2017

4 3 2 1

Erlerstraße 10, A-6020 Innsbruck

E-Mail: loewenzahn@studienverlag.at

Internet: www.loewenzahn.at

Umschlag- und Buchgestaltung sowie grafische Umsetzung:
Miriam Strobach, www.lefoodink.com

Grafische Assistenz: Martina Kogler, www.lefoodink.com

Fotografien: Wolfgang Hummer, www.wolfganghummer.com

Gedruckt auf umweltfreundlichem, chlor- und säurefrei gebleichtem Papier.

Bibliografische Information Der Deutschen Bibliothek

Die Deutsche Bibliothek verzeichnet diese Publikation in der Deutschen Nationalbibliografie; detaillierte bibliografische Daten sind im Internet über <http://dnb.ddb.de> abrufbar.

ISBN 978-3-7066-2619-4